VIVÊNCIAS
QUE INSPIRAM

Editora Appris Ltda.
1.ª Edição - Copyright© 2025 da autora
Direitos de Edição Reservados à Editora Appris Ltda.

Nenhuma parte desta obra poderá ser utilizada indevidamente, sem estar de acordo com a Lei nº 9.610/98. Se incorreções forem encontradas, serão de exclusiva responsabilidade de seus organizadores. Foi realizado o Depósito Legal na Fundação Biblioteca Nacional, de acordo com as Leis nos 10.994, de 14/12/2004, e 12.192, de 14/01/2010.

Catalogação na Fonte
Elaborado por: Dayanne Leal Souza
Bibliotecária CRB 9/2162

S586v
2025

Silva, Miriam Ferreira de Abreu da
　　Vivências que inspiram / Miriam Ferreira de Abreu da Silva. – 1. ed. – Curitiba: Appris, 2025.
　　309 p. ; 23 cm.

　　Inclui referências.
　　ISBN 978-65-250-6594-6

　　1. Vivências. 2. Superação. 3. Devocional. I. Silva, Miriam Ferreira de Abreu da. II. Título.

CDD – 248.4

Livro de acordo com a normalização técnica da ABNT

Appris editora

Editora e Livraria Appris Ltda.
Av. Manoel Ribas, 2265 – Mercês
Curitiba/PR – CEP: 80810-002
Tel. (41) 3156 - 4731
www.editoraappris.com.br

Printed in Brazil
Impresso no Brasil

Miriam Ferreira de Abreu da Silva

VIVÊNCIAS
QUE INSPIRAM

Sauvé
EDITORA

Curitiba, PR
2025

FICHA TÉCNICA

EDITORIAL	Augusto Coelho
	Sara C. de Andrade Coelho
COMITÊ EDITORIAL	Angela Cristina Ramos
	Brasil Delmar Zanatta Junior
	Edmeire C. Pereira - UFPR
	Estevão Misael da Silva
	Marli Caetano
CONSULTOR *AD HOC*	Gilcione Freitas
SUPERVISORA EDITORIAL	Renata C. Lopes
PRODUÇÃO EDITORIAL	Daniela Nazario
REVISÃO	Pâmela Isabel Oliveira
DIAGRAMAÇÃO	Bruno Ferreira Nascimento
CAPA	Daniela Baumguertner
REVISÃO DE PROVA	William Rodrigues

AGRADECIMENTOS

Gratidão é a palavra-chave para este tempo. Ela expressa todo o meu sentimento quanto à minha trajetória pessoal, familiar, acadêmica e profissional.

A Deus. É impossível dimensionar a sua grandeza, o seu amor e o seu cuidado para comigo e minha família. Dependi, dependo e continuarei a depender d'Ele, pois não há outra rocha, outra fortaleza que não seja o Senhor, poderoso em todas as batalhas.

Aos meus pais, Lydio e Olívia (*in memoriam*), difícil expressar em palavras o que eles significam para mim. Meu amor e minha gratidão eterna, sou partes de vocês. Até aquele dia em que estaremos todos juntos em nosso verdadeiro lar, os céus!

À família (irmãos, sobrinhos, sobrinhas, cunhadas e cunhados), meu "bastião", meu lugar de "confiança" nos momentos de fragilidades e de alegrias. Isso não significa que esse grupo tenha somente o seu lado "doce"; tem também o seu lado "amargo", em que meu caráter foi e ainda é forjado e onde o meu *habitus* primário foi internalizado.

Aos amigos, aos que ficaram nos momentos em que mais necessitei de uma palavra amiga, de um incentivo, de uma estratégia nova, de uma oração, de um abraço ou de simplesmente uma presença silenciosa, o meu muito obrigada.

Àqueles que se foram durante esse processo de amadurecimento em minha vida, o meu obrigada também. Vocês me permitiram conhecer um pouco mais sobre o ser humano.

Aos meus colegas e professores de jornada profissional, muito obrigada pelo compartilhamento de conhecimentos e experiências. Vocês contribuíram para que eu me tornasse o que hoje sou como pessoa e profissional.

Por fim — e não menos importante —, ao meu esposo, Hélio Marcos, com quem compartilhei a quase totalidade dessas vivências, e, se o Senhor nos permitir, vivenciaremos tantas outras ainda, principalmente de realizações.

Meu muito obrigada pelo incentivo para que eu continuasse a estudar e a colocar conhecimentos e experiências adquiridas em nossa caminhada no papel. A você, o meu amor, o meu afeto e a minha gratidão!

À minha querida e amada cunhada Eliane Silva, que voltou para a Casa do Pai em 12 de fevereiro de 2021. Uma filha, uma irmã, uma mãe, uma cunhada e amiga que deixou marcas profundas na vida de todos aqueles que tiveram o privilégio de desfrutar de sua presença. Uma Serva de Deus, na essência da palavra, que não media esforços para ajudar a quem fosse preciso.

A vida é um mosaico feito de pedaços quebrados, onde as cicatrizes são a marca do tempo que nos molda; nelas está a força das histórias que decidimos contar.

(Miriam Abreu)

APRESENTAÇÃO

Ao iniciar a apresentação desta obra, convido você a refletir sobre a poesia de Oliva Enciso, presente em seu livro *Pensai na educação, brasileiros!*. Nascida em 1909, foi educadora e política (vereadora e deputada estadual) em um tempo quase impossível para que uma mulher se destacasse em nossa sociedade e, ainda mais, no campo político. Como professora, sempre se colocou à frente dos assuntos educacionais de sua época. Ela foi deixando as suas marcas até o dia em que Deus pegou a caneta de sua mão, sem consultá-la, e escreveu "FIM", aos 96 anos. Ela sabia quem ela era, qual era a sua identidade e a que propósito estava destinada, mas, com certeza, isso não a isentou de carregar consigo muitas cicatrizes.

> O passado
> São as folhas escritas
> Que o tempo vai virando
> Para trás...
> E que não voltarão jamais!!!
> **O futuro**
> **São as folhas em branco**
> **Que temos de escrever...**
> — O que?
> — Até quando?
> Não podemos prever!
> Porque Deus pode pegar
> Nossa caneta
> Sem nos consultar
> E escrever.
> Fim![1]

---

[1] ENCISO, O. **Pensai na educação, brasileiros!** Sociedade Miguel Couto dos amigos do estudante: 50 anos de luta pela educação e assistência a menores. [*S.l.: s.n*], [1989]. p. 170. Grifo nosso.

Poderíamos fazer inúmeras conexões e análises de textos bíblicos com esse poema de Oliva Enciso, mas desejo enfatizar apenas dois textos: "Porque se lembrou de que eram de carne, vento que passa e não volta" (Salmo 78:39) e "Quanto ao homem os seus dias são como a erva, como a flor do campo assim floresce. Passando por ela o vento, logo se vai, e o seu lugar não será mais conhecido" (Salmo 103:15-16). Aqui está a expressão máxima de nossa finitude humana.

Isso posto, precisamos ter a clareza de que o controle do tempo e do que pensamos "ser ou ter" não está em nossas mãos e que, a qualquer momento, Deus pode pegar a caneta de nossas mãos e escrever: "Fim".

Torna-se necessário mudarmos o nosso olhar sobre as cicatrizes que carregamos como resultado de nossa jornada. Muitas delas refletem milagres e livramentos do Senhor para conosco! Tanto estas quanto aquelas tão indesejadas precisam passar pelo crivo do amor e do cuidado de Jesus por nossas vidas. Ele é quem nos sustenta e nos capacita a enfrentarmos as batalhas da vida, que são diárias. Os nossos fracassos e superações, com certeza, podem se transformar em verdadeiros testemunhos de fé e da graça do Senhor para tantas outras pessoas.

Nunca tive a pretensão de expor a minha vida ou parte dela, pois sempre optei por ser muito reservada quanto a esse aspecto. Porém os anos se passaram, e, com a maturidade, passei a considerar a possibilidade de compartilhar algumas experiências e conhecimentos agregados ao longo de minha trajetória pessoal, familiar e profissional. Com o incentivo de meu esposo, passei a transformá-las em palavras e como resultado surgiu o presente livro: *Vivências que inspiram*.

Esta obra é composta de 70 vivências escritas de forma aleatória, ou seja, não seguem uma sequência quanto aos acontecimentos, pois foram escritas à medida que saltavam à minha memória. Estas são algumas de minhas cicatrizes, e ao recordar-me de cada uma delas, reconheço a bondade, a misericórdia e a fidelidade de Deus para comigo, minha família e amigos que fizeram parte desse processo de amadurecimento.

Desejo que ao lê-las, você possa experimentar da graça, do amor e da presença de Jesus e que as doces consolações do Espírito Santo possam produzir em seu interior cura e libertação em sua alma de todas as cicatrizes que lhe fizeram ou lhe fazem paralisar. Que neste tempo você se levante tendo a clareza de quem você é em Cristo e com que propósito você veio a este mundo. Lembre--se sempre: você é um filho amado, uma filha amada do Senhor. Decida-se por levantar-se a cada manhã não só fisicamente, mas espiritual e emocionalmente, porque aqui não é o lugar de nosso descanso.

Sucesso em sua leitura!

A autora

PREFÁCIO

Conheci a Miriam na caminhada da vida cristã. Tenho o privilégio de usufruir da sua amizade sincera e verdadeira. O seu semblante de menina e a sua voz suave me fizeram perceber que se tratava de alguém muito especial. Esposa, filha, irmã, amiga e professora que sabe conviver com os problemas humanos, o que lhe dá uma dimensão mais ampla da vida. *Vivências que inspiram* não se trata de um livro religioso, mas de suas caminhadas e experiências. Em uma linguagem simples e cativante, Miriam conseguiu externalizar fatos, sentimentos, conhecimentos e experiências profundas que só quem tem raízes e fé em Deus é capaz de suportar. Todos nós podemos usufruir dessas 70 vivências aqui relatadas; podemos aprender e crescer em conhecimento e ser pessoas melhores.

Gratidão a Deus, por Ele ter colocado uma pessoa tão especial no meu caminho. Se Deus criou alguém apta em conquistar as pessoas, essa é a Miriam. Em qualquer ambiente que ela entra, sempre estimula as pessoas a reagirem com entusiasmo e as motiva a partirem para a ação. Durante os anos de caminhada com a Miriam, observei que ela é exatamente o que se vê, uma mulher verdadeira, cristã e temente a Deus.

Recomendo esta obra *Vivências que inspiram* para sua edificação, porque Miriam percorreu todos esses caminhos e os venceu; creia que você também vencerá. Uma das minhas grandes alegrias foi ter tido oportunidade de conhecê-la. Você vai amar ler este livro, assim como vai amar o seu entusiasmo e sua emoção ao escrever suas vivências. Honra é uma palavra que se encaixa na vida da Miriam. Honra a Deus em todas as peripécias da vida, honrou seus pais até o fim, e assim tem sido sua caminhada.

Quando pessoas especiais tocam nossas vidas, elas nos ensinam a viver.

Dr.ª Carmem Lúcia Dias dos Santos
Psicóloga Clínica
Missionária

SUMÁRIO

NOTAS INTRODUTÓRIAS... 23

VIVÊNCIA 1
QUEM SOU EU?.. 29

VIVÊNCIA 2
QUANDO INICIA UM NOVO ANO....................................... 33

VIVÊNCIA 3
O GÁS ACABOU. COMO VAMOS FAZER?........................... 37

VIVÊNCIA 4
LIVRAMENTO NUM ASSALTO.. 39

VIVÊNCIA 5
BÊNÇÃO DE UM EMPREGO.. 43

VIVÊNCIA 6
SOCORRO DA PARTE DE DEUS.. 47

VIVÊNCIA 7
UMA CRIANÇA NO MEU COLO.. 49

VIVÊNCIA 8
DONA MARIA PAULA: GENEROSIDADE EM PESSOA....... 53

VIVÊNCIA 9
RESGATE.. 57

VIVÊNCIA 10
GRAÇA DO SENHOR.. 61

VIVÊNCIA 11
LIVRAMENTO NUM ACIDENTE DE CARRO...................... 65

VIVÊNCIA 12
SAINDO DA "ZONA DE CONFORTO".................................. 69

VIVÊNCIA 13
UMA SEMENTE LANÇADA (1)..................................... 73

VIVÊNCIA 14
UMA SEMENTE LANÇADA (2)..................................... 77

VIVÊNCIA 15
A DIREÇÃO DO SENHOR NA HORA DA ANGÚSTIA 81

VIVÊNCIA 16
LIVRAMENTO DO "HOMEM MAU" 85

VIVÊNCIA 17
O LITRO DE LEITE QUE COALHOU 89

VIVÊNCIA 18
UM CORAÇÃO CRAVEJADO POR DIAMANTES 93

VIVÊNCIA 19
A INDECISÃO EM UMA ROTATÓRIA 97

VIVÊNCIA 20
UM CARRO – A RESPOSTA DE UMA ORAÇÃO 101

VIVÊNCIA 21
UMA IRMÃ CHAMADA YOLANDA 105

VIVÊNCIA 22
LAVANDO OS PÉS UNS DOS OUTROS 107

VIVÊNCIA 23
A PARTIDA DE UM PRIMO 111

VIVÊNCIA 24
UM PÁSSARO NO POSTE – VIGILÂNCIA 115

VIVÊNCIA 25
UMA CRIANÇA, NOSSO VIZINHO 117

VIVÊNCIA 26
**FILHOS COMO HERANÇA DO SENHOR:
PRIVILÉGIOS X RESPONSABILIDADES** 121

VIVÊNCIA 27
DOIS EXTREMOS:
A AUTOCONFIANÇA E A INSEGURANÇA 125

VIVÊNCIA 28
O SENHOR CUIDA DE NÓS 129

VIVÊNCIA 29
QUANDO O SENHOR PROMETE, ELE CUMPRE 133

VIVÊNCIA 30
UMA CIRURGIA INESPERADA 137

VIVÊNCIA 31
UMA DECLARAÇÃO, UM MILAGRE 141

VIVÊNCIA 32
A CONVICÇÃO DE UMA MULHER DE DEUS 145

VIVÊNCIA 33
UMA PALAVRA DE RESTITUIÇÃO 149

VIVÊNCIA 34
UMA MÃO ESTENDIDA X UMA TRAIÇÃO 153

VIVÊNCIA 35
A FIGURA DE UMA CLARIVIDENTE 157

VIVÊNCIA 36
UMA CASA CONFORME O DESEJO DO MEU CORAÇÃO 161

VIVÊNCIA 37
UMA MULHER QUE DEIXOU SAUDADES 163

VIVÊNCIA 38
O ANO DE 2021 – O ANO QUE EU DESEJEI ESQUECER 167

VIVÊNCIA 39
A AUTORIZAÇÃO MAIS DIFÍCIL DE MINHA VIDA 171

VIVÊNCIA 40
MULHERES ADMIRÁVEIS 175

VIVÊNCIA 41
100 ANOS: O PRIVILÉGIO DE TER UMA MÃE CENTENÁRIA 181

VIVÊNCIA 42
SENTIMENTO DE IMPOTÊNCIA................................. 185

VIVÊNCIA 43
O QUE APRENDEMOS COM A PARTIDA DE PESSOAS QUE
AMAMOS.. 189

VIVÊNCIA 44
UM EXEMPLO PRÁTICO DE AMOR AO PRÓXIMO 193

VIVÊNCIA 45
LIVRAMENTO DE UM HOMEM VINGADOR 197

VIVÊNCIA 46
A AFRONTA DO INIMIGO 201

VIVÊNCIA 47
ESCOLHENDO ATALHOS... 205

VIVÊNCIA 48
TRÊS VIZINHAS E O ELO DA AMIZADE......................... 209

VIVÊNCIA 49
UMA VISÃO IMPACTANTE... 213

VIVÊNCIA 50
A APOSENTADORIA CHEGOU: PLANOS FRUSTRADOS 217

VIVÊNCIA 51
A MANIFESTAÇÃO SOBRENATURAL DE DEUS EM TEMPOS DE
ANGÚSTIA 221

VIVÊNCIA 52
QUANDO DEUS FALA E UMA SERVA OBEDECE.................. 225

VIVÊNCIA 53
MINISTÉRIO DO TRABALHO:
O CUIDADO DE DEUS PARA COMIGO........................... 229

VIVÊNCIA 54
MARCAS DE UMA INFÂNCIA SAUDÁVEL:
EBD E DEVOCIONAL DIÁRIA 233

VIVÊNCIA 55
QUANDO FAZEMOS ESCOLHAS PELA APARENTE SEGURANÇA E
TRANQUILIDADE 237

VIVÊNCIA 56
QUANDO DEUS AGE PARA QUE HAJA CONSERTO.............. 241

VIVÊNCIA 57
ESCOLAS BÍBLICAS DE FÉRIAS (EBFS):
O LEGADO DA PROFESSORA CLAYSE CHAVES.................. 245

VIVÊNCIA 58
VENCENDO O MEDO DO JULGAMENTO......................... 249

VIVÊNCIA 59
A EXPRESSÃO DE FÉ DE UM GAROTO 253

VIVÊNCIA 60
UM DESEJO REALIZADO... 257

VIVÊNCIA 61
MINHA MÃE VOLTOU PARA CASA AOS 101 ANOS 261

VIVÊNCIA 62
UMA VIZINHA CHAMADA CRISTINA............................ 265

VIVÊNCIA 63
UMA PÉROLA EM NOSSO CAMINHO CHAMADA ELIZETE...... 269

VIVÊNCIA 64
AS TIRIRICAS E O CALCÁRIO.................................... 273

VIVÊNCIA 65
APRENDENDO COM O PÉ DE MANGA 277

VIVÊNCIA 66
EM QUEM E EM QUE VOCÊ TEM COLOCADO A SUA CONFIANÇA?. 281

VIVÊNCIA 67
A IMPORTÂNCIA DE SERMOS GRATOS 285

VIVÊNCIA 68
LIDANDO COM A QUESTÃO DA HONRA 289

VIVÊNCIA 69
MEMÓRIAS AFETIVAS 293

VIVÊNCIA 70
O QUE APRENDI ATÉ AQUI COM TODAS ESSAS VIVÊNCIAS ... 297

ALGUMAS CONSIDERAÇÕES 301

POSFÁCIO 303

REFERÊNCIAS 305

NOTAS INTRODUTÓRIAS

A escrita da vida

Creio que todas as palavras que vamos pronunciando, todos os movimentos e gestos, concluídos ou somente esboçados [...] podem ser entendidos como peças soltas de uma **autobiografia** *não intencional [...]. Esta convicção de que tudo quanto dizemos e fazemos ao longo do tempo, mesmo parecendo desprovido de significado e importância, é, e não pode impedir-se de o ser, expressão biográfica, levou-me a sugerir um dia, com mais seriedade do que à primeira vista possa parecer, que* **todos os seres humanos deveriam deixar relatadas por escrito as suas vidas.**

(José Saramago)[2]

Ao iniciar esta nota introdutória, gostaria de convidar você para uma reflexão sobre essa epígrafe acima do poeta português José Saramago. Reconheço não ser uma autobiografia, na essência da palavra, a presente obra; mas a compreendo como "rabiscos" ou "fragmentos" de minha trajetória de vida que podem contribuir de alguma forma para reflexão de todos aqueles que a lerem, como também para o fortalecimento de sua fé em Deus. Afinal, em cada vivência por mim aqui relatada, eu vi a mão de Deus, ainda que, por vezes, invisível aos meus olhos físicos, mas tão real em meu espírito. A cada experiência, por mais difícil que tenha sido, com certeza, eu saí mais fortalecida, tendo a convicção de quem eu sou em Deus e que propósitos ele tem para minha vida e família. E como filha amada, as batalhas travadas em minha trajetória foram e continuarão sendo uma forma de aprendizado.

Refletindo sobre o que o autor acima escreve, fico a imaginar quantas histórias de vida incríveis deixamos de conhecer pelo simples fato de seus reais atores e atrizes as considerarem como insignificantes. Quantos aprendizados, quantos exemplos de vida poderíamos ter acessado ou acessar em nossa trajetória se

---
[2] SARAMAGO, J. **As pequenas memórias**. São Paulo: Cia das Letras, 2006. Grifo nosso.

mais pessoas ousassem colocar no papel ou mesmo on-line, suas vivências, seus fracassos e suas vitórias. Certa vez ouvi — não me recordo de quem —, mas concordei plenamente, a seguinte frase: "Só fracassou quem teve a coragem de tentar". Compreendo que a ausência de fracasso nem sempre significa uma vida de sucesso.

A maioria das pessoas tem vergonha de expor os seus fracassos, seus deslizes, suas cicatrizes; elas contam e expõem apenas as suas vitórias. Eu reconheço que todos os meus fracassos e cicatrizes me proporcionaram aprendizados incríveis, e um deles é muito precioso para mim, qual seja: nas nossas aparentes derrotas e fracassos é que, realmente, conhecemos nossos amigos verdadeiros, nossos irmãos de igreja e nossa família.

Precisamos nos compreender como agentes. Essa palavra — agente — nos dá uma ideia de movimento, de transformação. É nesse movimento que somos forjados em nosso caráter, em nossa forma de pensar e agir nos tornando assim, seres humanos promovedores de transformação por onde quer que passemos ou vivamos. O termo "agente" é defendido pelo sociólogo francês Pierre Bourdieu, pois ele compreende o ser humano como agente de transformação. Assim, é necessário que haja movimento/ação.

Daí salta-me à memória a passagem bíblica que relata sobre o mar Morto; ser um mar Morto entendo como ser fechado em si mesmo sem contribuir, em nada ou quase nada, para o desenvolvimento do outro. É viver estagnado. Você percebe que ser agente de transformação e ser mar Morto são ideias totalmente antagônicas?!

Precisamos ser rios de águas cristalinas que promovam vida, ainda que, por algumas vezes, nossas águas se tornem turvas por conta das tempestades as quais nos acometem ao longo de nossa jornada. A figura do rio me dá uma ideia de que devemos ser desbravadores, corajosos; devemos projetar/arquitetar o nosso futuro, ser visionários, enxergar além do óbvio; devemos nos organizar estrategicamente e povoar as nossas margens com conhecimentos, experiências, realizações e influência positiva. E, com isso, vamos construindo nossas histórias, adquirindo mais experiências e vivências para serem contadas às outras gerações. É nesse estágio da vida que precisamos compreender a essência da palavra "transbordar" e, assim, contribuir para que outras pessoas possam ser tocadas, motivadas e transformadas. Aí, sim, seremos agentes de transformação, tornando-nos referenciais e inspiração para tantos outros.

Como isso é possível, Miriam? Por meio de nossas memórias. Pensar a memória é nos convidar a lançar um olhar sobre nós mesmos em diferentes espaços e tempos, trazendo as lembranças daquilo que constitui a nossa própria essência, a nossa história de vida.

Em se tratando de memória, podemos compreender que

> É voltar a um passado cheio de símbolos e significados. Souza (2004, p. 173) afirma que "[...] o tempo é memória, o tempo instala-se nas vivências circunscritas em momentos; o tempo é o situar-se no passado e no presente." É possível afirmar que a memória possui uma capacidade de reconstrução do tempo vivido. Depreende-se que a memória permite os deslocamentos sobre as experiências, logo o narrador refaz o percurso de sua vida reconstruindo-o diante de um interlocutor. Por meio das narrativas, emergem lugares, pessoas e acontecimentos. De forma seletiva, o agente evoca episódios, por meio de sua memória, a partir de experiências vividas. No que se refere às lembranças, há uma trilogia: tempo, memória e esquecimento. Esses três elementos estão conectados entre si, sendo impossível dissociá-los. É necessário, portanto, compreender que também o esquecimento é um conteúdo constitutivo da memória.[3]

Pensando assim, após algumas reflexões, decidi, por meio da escrita, relatar algumas das inúmeras experiências vividas em minha trajetória de vida pessoal e profissional. Confesso que várias vivências aqui descritas me proporcionaram muitas dores, vergonha, choro e decepções, mas ao mesmo tempo profundos aprendizados e amadurecimento. Foram tempos de fortalecimento do meu relacionamento com Deus e da minha fé, embora sendo, por diversos momentos, bombardeada por sentimentos de impotência,

---

[3] SILVA, M. F. A. **Colégio Militar de Campo Grande-MS:** tecendo os fios do *habitus* professoral. 2011. 170 f. Dissertação (Mestrado em Educação) – Centro de Ciências Humanas e Sociais, Universidade Federal de Mato Grosso do Sul, Campo Grande/MS, 2011. p. 28.

incertezas, medos, angústias e, por que não dizer, até descrença. Foram verdadeiros desertos porque foram, por vezes, regados pela solidão, escassez e duros julgamentos.

Por falar em deserto, reporto-me à pessoa de Moisés, o grande profeta, que ao ter que sair às pressas do Egito, deixando o conforto do palácio onde morava, foi viver no deserto de Midiã por 40 anos, constituindo ali sua família. Ele frequentou assim, na prática, a escola que o certificaria como o libertador do povo hebreu. Esta lhe ensinaria muitas lições diferentes daquelas aprendidas em seu convívio com o Faraó e sua mãe adotiva pelos palácios luxuosos do Egito.

"Mas... que escola é esta, Miriam?!" A escola de Deus — o deserto —, pela qual passam homens e mulheres com os quais o Senhor tem um chamado específico a executar. É onde o ser humano experimenta toda espécie de escassez que só é suprida pela presença do "Grande Eu Sou". É onde somos esvaziados de tudo aquilo que possa sobrepor ou ofuscar o nosso relacionamento com Deus e a sua Palavra.

Não podemos negar que a educação recebida por Moisés em meio à nobreza egípcia também o certificou para ser o libertador do povo hebreu. Nesta, com certeza, aprendeu as técnicas e a ciência da guerra, aprendeu sobre liderança, mas, no deserto, ele experimentou da essência do verdadeiro Deus que nos governa e nos conduz a salvo em quaisquer circunstâncias de nossas vidas, rumo ao propósito ao qual estamos destinados. Ainda que tenhamos que enfrentar serpentes, escorpiões, sol escaldante, areias abrasadoras e noites congelantes.

E como não lembrar do próprio Cristo que experimentou 40 dias de profundo embate com o diabo, no deserto da Judeia (Mateus 4). E João Batista, aquele que veio preparar o caminho para o Messias? Sua vivência foi nos desertos da Judeia (Lucas 3).

Então, compreendo que deserto não é símbolo de morte, de destruição, mas sim a escola que nos prepara, nos forja; que nos dá a certificação para a realização dos propósitos daquele que nos "chamou das trevas para a sua maravilhosa luz" (I Pedro 2:9).

É o lugar onde aprendemos a direcionar os nossos olhos para uma única direção, os céus. É nesse espaço, ainda que muitas vezes não seja físico, que compreendemos o que o rei Davi expressa em um de seus mais belos Salmos: "Elevo os meus olhos para os montes; de onde me virá o socorro? O meu socorro vem do Senhor, que fez os céus e a Terra" (Salmo 121:1-2).

Compreendo ser este o lugar onde o nosso caráter é forjado por profundos confrontos com a nossa natureza humana e o divino. É lugar de decisões, de escolhas. É lugar de cura. É o lugar da prensa, da purificação. Se conseguirmos passar pelos nossos desertos sem abandonarmos a nossa fé em Deus e na sua Palavra, podemos ter a convicção de que suportaremos aquela prensa que extrai o óleo mais fino, mais puro. Aí, sim, estamos aptos a compreender a profundidade desta Palavra: "Todas as coisas cooperam para o bem daqueles que amam a Deus, daqueles que são chamados segundo o seu propósito" (Romanos 8:28).

Certa vez, escutei a pastora Valnice Milhomens dizer em uma de suas pregações: "Nunca diga aquilo que não queira ver materializado". Muitas vezes, durante a escrita desta obra, recordei-me desse conselho. Mas por que digo isso? Logo depois do nosso casamento, recordo-me que algumas vezes, dialogando com meu esposo, ele sempre dizia: "Miriam, nós precisamos contar as nossas próprias histórias, as nossas próprias experiências; o que Deus fez, e não somente ficar ouvindo testemunhos dos outros". Confesso que tanto ele quanto eu não tínhamos ideia do que isso passava a significar no Reino Espiritual!

Quando olho para várias vivências que aqui descrevo, compreendo que o Senhor nos fez passar por todas elas para que hoje eu pudesse compartilhá-las para a sua edificação. Quanto a nós, o Senhor provou, sempre, a sua bondade e fidelidade para conosco. Forjou nosso caráter, confrontou-nos muitas vezes com a nossa natureza humana e pecaminosa, mas também nos abriu caminhos, consolou-nos, fortaleceu-nos e nos abençoou. Conhecemos na essência o Senhor como nosso melhor e inseparável amigo. Deixamos de ser "meninos" e passamos a ser um homem e uma mulher amadurecidos, e ainda em amadurecimento, para frutificar e multiplicar no Reino de Deus.

Enfim, ao refazer a minha trajetória de volta, por meio da memória, revivi muitos momentos de dor, lágrimas, angústias, mas também, de muitas alegrias, vitórias e realizações. Como

Deus foi, tem sido e continuará sendo bom para conosco! Quantos livramentos o Senhor proporcionou a nós! Ele nos supriu, ele nos surpreendeu muitas vezes e continua a nos suprir e surpreender em cada uma de nossas necessidades, sejam elas físicas, emocionais, financeiras e espirituais. A ele o louvor e a glória, sempre e eternamente.

Isso posto, desejo que esta obra seja uma bênção na sua vida e família.

Sucesso em sua leitura!

VIVÊNCIA 1

QUEM SOU EU?

Texto Bíblico-Base: Provérbios 22
"Ensine a criança no caminho em que deve andar, e, ainda quando for velho, não se desviará dele" (Provérbios 22:6).

Era outono de 1965, mais precisamente a madrugada de 10 de abril daquele ano. Nasce na fazenda Garimpo, região da "Falha do Padre", em Mato Grosso, hoje Mato Grosso do Sul, uma menina que receberia de seus pais o nome de Miriam. Segundo o dicionário de nomes próprios[4], esse nome pode ser uma variante do nome Maria, oriundo do hebraico Myriam com o mesmo significado.

Minha mãe foi assistida por uma parteira da família, chamada dona Supriana, pois esse era o costume da época. Minha mãe, nesse tempo, tinha 43 anos.

Ahhh, minha mãe nos contava que sua parteira, dona Supriana, pediu a ela que colocasse em mim o nome dela, em sua homenagem, pois eu seria o último bebê de minha mãe que ela atenderia. Isso sempre foi motivo de brincadeira entre nós, rsrsrs.

Sou a filha caçula de cinco filhos do segundo casamento de minha mãe, pois ela ficou viúva muito cedo do primeiro casamento com o sr. Guilherme, com o qual teve quatro filhos, uma já falecida quando criança.

Meus pais, Lydio e Olívia, eram proprietários da Fazenda Garimpo, na região chamada Falha do Padre, pertencente ao município de Rio Negro/MS.

Minha infância e início da adolescência foi nesse local onde estudei até o quarto ano primário, numa escola multisseriada exis-

---

[4] MIRIAM. *In*: DICIONÁRIO de nomes próprios, [s.l.], 2024. Disponível em: https://www.dicionariodenomesproprios.com.br/miriam/. Acesso em: 29 nov. 2022.

tente na fazenda de meus pais. Nossa professora era dona Nadir, uma baiana exigente, conhecida por todos como "dona Nedi". Essa era uma época em que o respeito e a disciplina faziam parte tanto da educação familiar quanto da educacional. Essa professora fez toda a diferença para a minha base educacional formal.

Considero que, apesar das dificuldades naturais de uma área rural e de alguns problemas vivenciados por minha família, afinal nenhuma família é perfeita, vivi uma infância e início da adolescência muito feliz, pois aproveitei todos os bons momentos possíveis em família, na escola, na igreja que frequentávamos, nas viagens que fazíamos, como também na cidade de Rio Negro, onde meus irmãos mais velhos moravam, para dar continuidade aos seus estudos.

Meus pais eram cristãos evangélicos, e bem próximo de nossa casa existia a Igreja Batista de Estrela D'alva, onde éramos membros assíduos. Essa igreja deixou muitas marcas positivas em minha vida, porque, apesar de ser uma igreja na zona rural, ela era muito dinâmica. Proporcionava muitas coisas boas aos seus membros. Em época de férias, existiam séries de conferências, Escolas Bíblicas de Férias (EBFs), gincanas, teatro, competições bíblicas, programas de natal etc. Nesse período, eram convidadas pessoas específicas de nosso estado e de outros para esse trabalho. Entre essas pessoas, era possível encontrar professores, pastores, missionários e musicistas. Todas as fazendas ao redor lotavam de pessoas: adultos, crianças, adolescentes e jovens em férias. Era uma festa!!! A todos esses acontecimentos bons na minha infância e adolescência, eu chamo de memórias afetivas.

Sou grata a Deus pela educação recebida de meus pais. Estes eram firmes, sempre nos mostraram na prática e nos diálogos o valor do trabalho, da organização, da disciplina e, principalmente, do temor a Deus e à sua Palavra. Sempre nos incentivaram a estudar dizendo que essa era a melhor herança que podiam nos deixar, e tinham toda a razão.

Minha mãe não teve oportunidade de estudar quando nova. Só na idade adulta que frequentou o chamado Movimento Brasileiro de Alfabetização (Mobral), e meu pai estudou somente até o quarto ano primário. Confesso que meu pai fazia contas que até hoje, mesmo com máquinas modernas de calcular, eu não consigo fazer... rsrsrs.

O que faltou de estudo formal para eles superabundou a graça e sabedoria de Deus para criarem seus filhos no caminho do Senhor, incentivando-os a crescerem como pessoas dignas, sendo estudiosos e bons profissionais.

Quando penso em minha mãe, Olívia, vem-me à memória Provérbios 31. Uma mulher sábia, amorosa, trabalhadora, habilidosa, hospitaleira, precavida etc. Mas a palavra que mais a define é a generosidade. Nunca vi minha mãe dispensar alguém de mãos ou estômago vazio. Sua casa hospedou muitos servos do Senhor, famílias, pastores, missionários, amigos... Sempre servindo do bom e do melhor que tinha. Com certeza, passou por nossa casa anjos do Senhor, cada um a seu tempo e com uma missão. Nesse sentido, sempre observei uma concordância clara entre ela e meu pai.

Em fevereiro de 1977, chegou a vez de eu partir daquele recanto tão aconchegante para mim, a fazenda de meus pais. Aquela menina tímida do meio rural agora enfrentaria os desafios de uma cidade grande e, o mais difícil, longe de seus pais. Meus irmãos já moravam em Campo Grande/MS, para continuarem os estudos, e comigo não seria diferente. E assim foi. Como foi difícil no início!!! Quanta saudade! Eu contava no calendário os feriados, as férias e os dias de visita de nossos pais.

Os anos se passaram, meus pais venderam a fazenda e vieram morar conosco em Campo Grande/MS. Que alívio! Pudemos tocar a vida, agora com a presença deles conosco.

Em 5 de maio de 2017, meu pai "voltou para sua casa". Aprouve ao Senhor chamá-lo. Mas o Senhor ainda tem nos presenteado com a presença de minha mãe entre nós. Hoje, 29 de novembro de 2022, dia em que estou escrevendo este texto, minha mãe tem exatamente 100 anos, dois meses e quatro dias. Glórias a Deus!!! É uma guerreira, lúcida, que ama ver sua família reunida.

A palavra que me vem à memória neste momento é gratidão pelos pais que o Senhor escolheu para mim. Por tudo que nos proporcionaram e ensinaram. Claro que não foram pais perfeitos, mas quando eu olho para trás percebo o quanto Deus foi bom para conosco, como filhos. Principalmente pelas estratégias utilizadas em nossa educação religiosa e estudantil. Sinto-me honrada por ter sido gerada em um útero tão abençoado e abençoador, como o de minha mãe.

Que reflexão gostaria de deixar para você:

A família é o alicerce na formação dos filhos. A cumplicidade dos pais, os seus objetivos e as suas estratégias na formação destes são fundamentais para o crescimento saudável de todo o grupo familiar. A formação cristã, o exemplo dentro de casa no dia a dia, é o que ficará impresso na mente e nos corações de seus filhos. A identidade de seus filhos dependerá de como foram gerados, educados e amados. É bom você sempre lembrar que o primeiro livro a ser lido por seus filhos é a vida prática dos seus pais e familiares.

Verdade é que, em nossa trajetória, algumas marcas negativas podem ficar impressas, tanto nos filhos quanto nos pais, devido a relacionamentos familiares fora do temor ao Senhor, mas, com certeza, as vivências positivas deverão ser as mais valorizadas. É bem o que o sábio rei Salomão falou: "Ensine a criança no caminho em que deve andar e até quando ficar velho, não se desviará dele" (Provérbios 22:6). Que o Senhor o(a) abençoe!

ORAÇÃO DO DIA:

Que o Senhor venha despertar cada família para que possam compreender o valor de seu papel na formação integral de seus filhos;

Que a minha e a sua família sejam a cada dia impactadas pela Palavra do Senhor e pelo nosso temor a ele;

Que a nossa geração seja uma geração curada de todos os traumas do passado para que a nova geração cresça e se desenvolva de forma saudável. Amém.

O QUE ESSA VIVÊNCIA ME ENSINA?

VIVÊNCIA 2

QUANDO INICIA UM NOVO ANO

Texto Bíblico-Base: Provérbios 19
"Muitos são os planos do coração do homem, mas o que prevalece é o propósito do Senhor" (Provérbios 19:21).

Sempre que iniciamos um Novo Ano, nosso coração se alegra, celebramos com nossas famílias, amigos e irmãos na fé... Significa que estamos vivos e, portanto, temos a oportunidade de refletirmos e (re)planejarmos as nossas vidas de tal forma que possamos alinhar os nossos desejos e sonhos aos propósitos de Deus.

O sábio rei Salomão faz-nos um alerta muito importante. Ele nos deixa claro que nem todos os planos que fazemos estão alinhados ao que Deus planejou para as nossas vidas. Você pode me perguntar: "mas, Miriam, como saber se estou na direção de Deus?" A única forma é ter a Bíblia como fonte de inspiração e sabedoria e manter um relacionamento íntimo com o Senhor por meio da oração diária, quer seja em seu lar, no trabalho, na escola/universidade, caminhando, dirigindo... O Senhor confirmará em seu coração os propósitos dele para sua vida.

Eu sou do campo da educação. Ainda no ensino médio (curso do Magistério), comecei a ministrar aulas. Como curso superior, fiz Pedagogia e, assim, fui ampliando meu espaço de trabalho e ganhando mais. Com o passar dos anos, surgiu um desejo de abrir uma Escola Infantil e com isso ir ampliando o negócio.

Logo apareceu uma colega de trabalho que me propôs uma sociedade. Iniciamos uma sociedade entre três pessoas no ano de 1993. Nesse tempo, desfiz-me de alguns bens que já havia adquirido para investir no negócio, saí do meu emprego e fui me dedicar à tal sociedade. No início, tudo parecia tranquilo, mas, com o passar do tempo, os problemas começaram a surgir. Os resultados não foram conforme planejamos.

O nosso país passava por sérios problemas de hiperinflação e turbulências políticas que culminaram com a renúncia do ex-presidente Fernando Collor de Melo no final de 1992. Nesse período, surgiu um Plano Econômico no qual a cada dia as coisas tinham um valor. Foi a época das URVs (Unidade Real de Valor, conhecida como Lei do Plano Real – Lei Ordinária nº 8.880, de 27 de maio de 1994) no governo de Itamar Franco, substituto do ex-presidente Collor de Melo. Não nos apercebemos que esse seria um péssimo momento para empreender!

O tempo foi passando, e a cada mês era preciso injetar mais dinheiro no negócio. E o relacionamento entre nós, sócias, não era mais o mesmo. Enfim, a sociedade acabou no final do primeiro ano.

Eu negociei e tentei levar o negócio sozinha, afinal, tudo que eu já havia conquistado profissionalmente foi investido ali. Essa foi uma decisão pior do que a primeira, quando optei por entrar nessa sociedade. O negócio ficou insustentável, e eu fiquei com dívidas, sem nada e com várias famílias me devendo, o que nunca recebi. Além do mais, o meu "bom nome" foi parar na lata de lixo.

O lugar onde eu imaginava que seria meu porto seguro foi onde tive os maiores problemas, o "apontar de dedos e acusações". Foi na igreja onde eu congregava e tinha cargo de liderança, o que, por sinal, ia muito bem; eu era a diretora da Escola Bíblica Dominical (EBD). Por algumas vezes, ministrei a palavra em cultos nessa igreja, em culto nos lares e em outras igrejas também.

Eu estava na casa dos meus 27 anos, com toda a energia e desejo de realizar um sonho, mas me esqueci do principal: consultar ao Senhor sobre o assunto, principalmente no quesito sociedade, em que o Senhor nos alerta para não nos prendermos a "jugos desiguais". O meu fracasso começou antes de realmente eu iniciar o negócio. Primeiro, fiz e executei os planos e depois pedi a aprovação do Senhor.

Esse negócio trouxe-me marcas profundas. Paralisou-me por muitos anos, principalmente na igreja à qual eu pertencia, porque, além de ser colocada de "escanteio" e passar por difamações e acusações, o inimigo plantou uma semente em meu coração de que eu era "indigna", estava "em pecado" por contrair dívidas e naquele momento não ter como honrar com todos os compromissos. Admito que dever e não honrar com os compromissos não é correto diante de Deus e dos homens, mas inúmeras circunstâncias me colocaram nessa condição que não seria para sempre, graças a Deus!

Nesse tempo, experimentei na pele que: ou as palavras nos libertam, ou elas nos aprisionam.

Eu mudei de igreja porque não suportei os olhares e os comentários que chegavam aos meus ouvidos por eu estar nesse processo difícil. Passei a recusar convites para ministrar a Palavra em outras igrejas pelas circunstâncias nas quais estava vivendo. Que tempo doloroso!

Literalmente, eu paralisei nas questões relacionadas à igreja, entrei num casulo. Além da dor do fracasso profissional, dos compromissos financeiros atrasados, eu vivi a angústia e o sofrimento por me sentir impedida de fazer o que eu mais gostava de fazer: desenvolver os meus dons na casa do Senhor.

Com o tempo, fui retomando a minha vida profissional na educação e continuei a estudar buscando um melhor aperfeiçoamento profissional. Como essa experiência foi dolorosa para mim! Primeiro, tive que perdoar a mim mesma por ter entrado naquela sociedade, e, segundo, perdoar a todos aqueles, principalmente da igreja à qual fazia parte, pelas difamações, perseguições e pressões exercidas sobre minha pessoa.

O que aprendi com tudo isso?!

1. Antes de executar qualquer projeto, qualquer plano, precisamos buscar a direção de Deus; se essa é ou não a sua vontade;

2. Devemos ouvir não apenas o nosso coração, mas também a voz da razão;

3. Precisamos fazer uma análise do mercado e de quais os reais benefícios que poderão surgir por intermédio desse negócio;

4. Pesquisar sobre o local de implantação desse negócio, se é viável ou não;
5. Evitar o quanto pudermos nos envolver em sociedades;
6. Devemos cultivar parcerias saudáveis;
7. Precisamos ser mentorados por instituições ou pessoas experientes na área de negócios e finanças.

Como fazer isso? Meditando na Palavra de Deus, orando, jejuando e buscando especialistas com conselhos sábios. Que o Senhor o(a) abençoe!

ORAÇÃO DO DIA:

Que o Senhor nos capacite com sabedoria, conhecimento e graça para fazermos planos e projetos segundo a vontade d'Ele. Amém.

O QUE ESSA VIVÊNCIA ME ENSINA?

VIVÊNCIA 3

O GÁS ACABOU. COMO VAMOS FAZER?

Texto Bíblico-Base: Salmo 23
"**O Senhor é o meu pastor, nada me faltará**" (**Salmo 23:1**).

Que maravilha ter o Senhor como nosso pastor!!! Esse, com certeza, é um dos textos mais clássicos da Bíblia, mas pouco compreendido em sua essência por nós, cristãos. Esse nada é tudo.

Isso significa que seremos supridos de proteção, de alimento para o corpo e para a alma, de livramento... Nossa sede, em termos físicos e espirituais, sempre será sanada.

Mas existe uma palavra no meio desse versículo que muitas vezes ignoramos. É o "nada". Isso significa que não nos faltarão suprimentos, como também privações e problemas. A diferença é que tanto no suprimento quanto na escassez a presença do Senhor é garantida para todos aqueles que o temem e esperam nele.

A Palavra de Deus nos afirma: "Porque, quanto ao Senhor, seus olhos passam por toda a terra, para mostrar-se forte para com aqueles cujo coração é perfeito para com ele [...]" (2 Crônicas 16:9). Deus é soberano a tudo e a todos, e isso fica muito claro quando observamos os seus atributos: 1. Ele é onisciente (sabe de todas as coisas); 2. Ele é onipresente (está presente em todos os lugares ao mesmo tempo); e 3. Ele é onipotente (pode todas as coisas). Aleluia!

São nos momentos de escassez que a nossa confiança é testada e a nossa fé tem a possibilidade de ser acionada. Esse é um momento em que necessitamos descansar literalmente na certeza de que o Senhor agirá a nosso favor.

Há alguns anos, logo que casamos, eu e meu esposo tínhamos uma renda muito baixa e ainda pagávamos aluguel. Lembro como se fosse hoje. Cheguei à casa, meu esposo estava adiantando o almoço, e o gás mal deu para cozinhar o arroz de forma que desse para comer. E o pior: não tínhamos dinheiro para comprar outro botijão de gás.

Nesse dia, o sogro de uma de minhas irmãs havia falecido, e o meu esposo disse: "Vou deixar o botijão deitado e quando voltarmos, a gente vê como resolver".

Fomos ao velório, não tocamos mais no assunto e qual não foi a nossa surpresa quando chegamos em casa: o meu esposo levantou o botijão, ligou o fogão e tínhamos gás. ALELUIA!!!

E pasme. Esse gás durou outros três meses. Quanta alegria inundou o nosso coração, edificando assim a nossa fé, pois o acontecido fugiu completamente do que é normal aos nossos olhos. Foi, literalmente, um milagre em nossa casa. O "nada nos faltará" foi acionado para naquele momento nos suprir de algo essencial para a nossa subsistência: o preparo do alimento material.

O Senhor sabia que não tínhamos condições. Estávamos sendo sinceros com Ele. Portanto, o gás não nos faltou por três meses. Que provisão por parte do eterno! Deus seja louvado ontem, hoje e eternamente. Que o Senhor o(a) abençoe!

ORAÇÃO DO DIA:

Que o Senhor nos dê um coração grato por tudo que Ele tem nos proporcionado e que a cada dia possamos confiar em sua provisão em todas as áreas de nossas vidas. Amém.

O QUE ESSA VIVÊNCIA ME ENSINA?

VIVÊNCIA 4

LIVRAMENTO NUM ASSALTO

Texto Bíblico-Base: Salmo 68
"O nosso Deus é o Deus da salvação; e a DEUS, o Senhor, pertencem os livramentos da morte" (Salmo 68:20).

Sou professora e, no ano de 2008, estava ministrando umas aulas particulares para um grupo de profissionais: psicólogos e assistentes sociais que estavam se preparando para um concurso público do Instituto Nacional de Seguridade Social (INSS).

Naquela ocasião, para evitar gastos, uma colega ofereceu um salão bem equipado que ficava no terreno de sua residência de frente para a rua.

Nossas aulas transcorriam duas vezes por semana: às quartas-feiras à noite e aos sábados à tarde.

Numa bela noite de quarta-feira, quando já estávamos finalizando a aula, uma jovem e o seu namorado esperavam a irmã dela, uma das minhas alunas, em frente ao salão em que as aulas eram ministradas. Sem se aperceberem do perigo, foram rendidos por dois assaltantes armados que os levaram para dentro do salão onde estávamos, pois o portão menor estava somente no trinco.

Ao entrarem, um colocou o revólver no meu ouvido esquerdo e o outro colocou a arma na cabeça do namorado da irmã de nossa colega, anunciando assim o assalto.

A única reação que tive foi levantar-me lentamente e dizer aos alunos: "calma". E para o assaltante, eu disse que ia pegar R$ 10,00 (dez reais) que estavam no meu bolso de trás da calça enquanto uma aluna dizia que tudo que tivéssemos daríamos a eles (dinheiro, celulares etc.). Todos os outros alunos ficaram paralisados, inclusive uma criança de uns 5 anos, filha de uma aluna, a qual brincava numa escadaria com uma boneca.

Tudo foi uma questão de segundos, mas para nós pareceu uma eternidade.

Qual não foi a nossa surpresa quando abri a nota de R$ 10,00 (dez reais) na frente do assaltante, sem olhar para ele, pois o cano do revólver estava em meu ouvido, e o assaltante simplesmente disse ao seu comparsa: "cara, vamos embora, vamos embora" e fugiram.

Não levaram nada, nem nos machucaram. Só nos deixaram "sem pernas" para andarmos de tanto susto! rsrsrs

Quando contei para minha família, uma de minhas irmãs perguntou que horas havia acontecido o fato e eu disse que próximo das 21h. Ela disse que estava em uma reunião de estudo bíblico e oração, era uma quarta-feira, e de repente o pastor interrompeu o que estava falando e pediu aos presentes na igreja que se colocassem em pé e que cada um naquele momento orasse por todos os seus familiares pedindo livramento a Deus para cada um. Glórias a Deus pelo discernimento e pela sensibilidade espiritual desse pastor!

Os alunos ficaram tão impactados que no outro dia pediram para eu marcar um encontro só para conversarmos sobre o ocorrido porque eles tinham a certeza de que o Deus ao qual eu servia é que tinha dado aquele livramento para todos nós.

Conversamos muito e mudamos nosso local de estudo, e nossas aulas foram um sucesso!

Como não vamos crer e servir a um Deus como esse que promete estar conosco todos os dias de nossas vidas nos livrando do perigo, da maldade humana, do homem sanguinário, da enfermidade, provendo tudo de que necessitamos?!

A Ele, nosso Salvador e Senhor, toda honra e toda glória ontem, hoje e eternamente. Que o Senhor o(a) abençoe!

ORAÇÃO DO DIA:

Que o Senhor nos dê um coração temente a Ele e que esteja a cada dia firmado em sua Palavra; que sejamos sempre gratos por todos os livramentos que nos tem proporcionado. Amém.

O QUE ESSA VIVÊNCIA ME ENSINA?

VIVÊNCIA 5

BÊNÇÃO DE UM EMPREGO

Texto Bíblico-Base: Deuteronômio 31

"Esforçai-vos, e animai-vos; não temais, nem vos espanteis diante deles; porque o Senhor teu Deus é o que vai contigo; não te deixará nem te desamparará" (Deuteronômio 31:6).

No ano de 1996, eu estava à procura de um emprego depois da fatídica sociedade que eu já comentei anteriormente. Entre os meses de outubro e novembro do referido ano, uma irmã orou por mim e me disse assim: "Deus já tem um lugar preparado para você trabalhar e quando você entrar nesse local o Espírito do Senhor testificará ao seu espírito. Esse lugar tem um espaço amplo, parece um estacionamento muito grande na frente, possui corredores longos, com muitas lâmpadas, é muito iluminado. É lá, e é uma escola".

Eu estava tremendamente decepcionada com escola, com a educação por conta do fracasso nessa área já mencionado por mim logo no início deste livro. Categoricamente, eu disse isso à irmã, mas ela foi muito firme comigo. Eu e outra irmã de oração que estava comigo dissemos a ela que em Campo Grande/MS não havia escola com aquelas características, até achamos que seria em outra cidade. Mas como sempre fiz: guardei essa palavra no meu coração.

O tempo passou, e no dia 20 de dezembro do mesmo ano foi o meu casamento com o Hélio, meu esposo. Nenhuma porta de trabalho havia se aberto para mim. O Hélio, inclusive, morou alguns meses numa cidade do Paraná chamada Arapongas. Lá distribuiu o meu currículo, e nada aconteceu profissionalmente.

Até que, final de janeiro de 1997, uma amiga de minha sogra manda um recado para mim dizendo que um determinado colégio de nossa cidade estava fazendo inscrição para uma seleção de profissionais. Eu e meu esposo fomos até lá e, ao entrar naquele colégio, veio-me à memória o que aquela irmã havia me falado. Todas as características ditas por ela estavam a olho nu: "um grande pátio na frente, corredores longos e com muitas lâmpadas, muito iluminado". Na hora eu disse para o meu esposo: "é este o lugar que a irmã me falou".

Sabe por que eu não conhecia aquele colégio? Porque, naquela época em que a irmã orou por mim, ele ainda estava sendo construído. E eu disse para o meu esposo: "o lugar é aqui". Era a sede definitiva do Colégio Militar de Campo Grande (CMCG). As atividades daquela instituição estavam iniciando naquele local exatamente naquele ano, 1997. Nos dois anos anteriores, enquanto era construída sua sede, ele funcionou em um prédio na área central de nossa cidade, pertencente ao Exército Brasileiro.

Eu sou pedagoga e, naquela época, eu tinha as seguintes habilitações: Supervisão Escolar (Coordenação Pedagógica) e Orientação Educacional. Já havia lecionado para o ensino fundamental em vários níveis e tinha quase nove anos de experiência em Supervisão Escolar (Coordenação Pedagógica).

As vagas eram três para Supervisão Escolar e duas para Orientação Educacional. Era uma contratação por um ano por medida provisória do Governo Federal; naquela época, o presidente da República era Fernando Henrique Cardoso. Essa Medida Provisória poderia, talvez, ser prorrogada por mais um ano.

Naquele momento, meu esposo disse: "faz a inscrição para Orientação Educacional, você já atuou vários anos como Supervisora Escolar!". Na hora me bateu um receio, mas fiz como ele me sugeriu.

Os dias se passaram, e chegou o momento da prova. O colégio estava lotado, pois eram muitos candidatos para vários cargos como: administrativos, técnicos, docentes...

Quando chamaram os candidatos para Supervisão Escolar, apareceram poucos candidatos, mas quando chamaram Orientação Educacional, duas filas enormes se formaram. Eu, na minha incredulidade, pensei: "o que que eu fiz!". Eu não tinha noção do que Deus estava preparando.

O presidente Fernando Henrique Cardoso assinou somente a medida provisória que autorizava contratar orientadora educacional, professores e técnicos de laboratório. Portanto, Supervisão Escolar não teve contratação. E mais: eu passei em 3º lugar. A primeira colocada desistiu do cargo e me chamaram, pois eram só duas vagas.

Nunca me esqueço da pergunta que a senhora do RH (Recursos Humanos) me fez quando eu me apresentei: "que Deus é este que você serve, Miriam?!". Ela, dona Ariete (*in memoriam*), nunca tinha me visto, mas reconheceu que foi a boa mão de Deus na minha vida. Iniciei meu trabalho naquele local em 6 de abril de 1997.

Em dezembro do mesmo ano, o Governo Federal autorizou um concurso oficial para suprir vagas em todos os Colégios Militares do Brasil pertencentes ao Exército Brasileiro. A ansiedade bateu outra vez. Quem passasse seria efetivado no Serviço Público Federal, e quem reprovasse seria demitido. No dia da reunião informativa sobre o concurso, uma sexta-feira, o comandante do colégio (o diretor) nos disse: "O concurso será a toque de caixa, ou seja, não haverá muito tempo para estudo". O bom é que os conteúdos a serem cobrados eram de Língua Portuguesa e Conhecimentos Específicos. Maravilha! Por vários anos, trabalhei preparando alunos para concurso público na disciplina de Língua Portuguesa, afinal faltaram poucas disciplinas para eu finalizar o curso de Letras.

Chegou o grande dia! Muitos candidatos para a prova novamente. Mas dessa vez o Senhor reservou o primeiro lugar para mim. Glórias a Deus! O ruim é que minha colega da seleção anterior não conseguiu ficar, mas uma nova colega passou e nos tornamos não só colegas de profissão, mas grandes amigas.

Trabalhei nesse colégio como orientadora educacional de 6 de abril de 1997 a 18 de outubro de 2019, como servidora pública federal, inicialmente contratada e depois concursada. Foram anos de muitos aprendizados, alegrias, muitas lutas, agreguei muitas experiências à minha vida pessoal e profissional. Foi onde consegui autorizações para fazer especialização em Psicopedagogia e Orientação Educacional pela UFRRJ/CEP-EB, mestrado e doutorado em Educação pela UFMS.

O que dizer de um Deus como esse?!

Tirou-me de uma total falência, de perdas econômicas, emocionais e espirituais e colocou-me num lugar que possibilitaria me reerguer novamente. Sou eternamente grata ao meu Deus, que em momento algum me desamparou. A Ele seja o louvor ontem, hoje e eternamente.

Se o Senhor lhe prometeu algo e você continua firme em sua presença, tenha a certeza de que a parte dele Ele vai fazer no tempo dele. O Senhor usa a sua Palavra, circunstâncias e pessoas para nos direcionar ao que tem preparado para as nossas vidas, portanto precisamos aprender a ler os sinais que Ele nos dá. Que o Senhor o(a) abençoe!

ORAÇÃO DO DIA:

Que o Senhor a cada dia nos dê ouvidos e olhos de discípulos para discernirmos onde está a bênção que Ele tem reservado para cada um de nós;

Que com temor e tremor possamos passar pelas portas abertas por Ele para que o seu nome seja glorificado por meio de nossas práticas pessoais e profissionais. Amém.

O QUE ESSA VIVÊNCIA ME ENSINA?

VIVÊNCIA 6

SOCORRO DA PARTE DE DEUS

Texto Bíblico-Base: Isaías 41
"Pois eu sou o Senhor, o seu Deus, que o segura pela mão direita e diz a você: Não tema; eu o ajudarei" (Isaías 41:13).

No final de abril de 2017, eu e meu esposo estávamos em Lisboa, Portugal. No último dia de nossa estadia naquela cidade, dirigimo-nos a uma grande galeria onde havia uma estação de metrô que nos levaria a outra estação para pegarmos um trem com destino à cidade de Madri, na Espanha, de onde partiríamos para visitar a minha cunhada na cidade de Garrucha, região de Almeria.

Qual não foi nossa surpresa ao verificarmos que ali não havia nenhum guichê onde pudéssemos comprar os bilhetes do metrô. Só era possível comprá-los num terminal, tipo caixa eletrônico. E o pior: esse terminal só aceitava moedas em euro, e as nossas moedas naquele momento não eram suficientes para duas passagens. Não conseguimos quem nos ajudasse. Por alguns instantes, a ansiedade começou a bater forte, pois tínhamos horário para chegarmos à estação de trem que nos levaria a Madri, na Espanha. Olhamos de um para o outro e nos perguntamos: "E agora?! Senhor, ajude-nos a encontrar uma solução!!!".

De repente, do nada, um senhor baixinho aparece correndo e me pergunta: "Quantas passagens?". Eu imediatamente respondi: duas. E já lhe entreguei uma nota em euro. Aquele homem, numa rapidez, entregou-me os dois bilhetes com o troco e desapareceu. Interessante que era um saguão muito espaçoso, e, no momento, não havia uma viva alma por perto.

Eu e meu esposo olhamos um para o outro impressionados com a rapidez com que aquele homem apareceu (correndo) e solucionou o problema para nós. Respiramos aliviados e gratos ao Senhor pelo socorro enviado. Nunca iremos nos esquecer desse fato. Nós temos a certeza de que aquele homem foi um anjo enviado pelo Senhor para nosso auxílio naquele momento, pois tínhamos horário a cumprir. Não havia tempo, nem sabíamos onde poderíamos encontrar outra estação de metrô ali por perto. Éramos "marinheiros de primeira viagem" numa terra estranha.

Mais uma vez, posso lhe afirmar que experimentamos a ajuda do Senhor num momento tão crucial de nossas vidas. Fica aqui o ensinamento de que o Senhor cuida de nós, nos mínimos detalhes, e nos livra na hora do aperto. O(a) irmão(ã) não faz ideia do quanto nosso coração se alegrou e quanta paz inundou o nosso interior. Assim continuamos a nossa viagem, cada vez mais cientes de que o Senhor continuaria a nos guardar e nos auxiliar naquela jornada rumo a outro país que dominávamos pouco de seu idioma, a Espanha. Em tudo, o Senhor foi fiel para conosco, tanto na ida quanto na volta. Aleluia! Que o Senhor o(a) abençoe.

ORAÇÃO DO DIA:

Que o Senhor a cada dia nos capacite a compreender que Ele cuida de nós e se preocupa com os mínimos detalhes de nossas vidas; Que Ele é o nosso auxílio e ajudador sempre. Amém.

O QUE ESSA VIVÊNCIA ME ENSINA?

VIVÊNCIA 7

UMA CRIANÇA NO MEU COLO

Texto Bíblico-Base: Salmo 28
"Bendito seja o Senhor, pois ouviu as minhas súplicas. O Senhor é a minha força e o meu escudo; nele o meu coração confia, e dele recebo ajuda. Meu coração exulta de alegria, e com o meu cântico lhe darei graças" (Salmo 28:6-7).

Não sei se você crê em profetas. Eu creio em todos aqueles que têm suas vidas pautadas na Palavra de Deus e proferem palavras às pessoas segundo a vontade de Deus, pois a Palavra de Deus nos adverte: "Não desprezeis as profecias. Examinai tudo. Retende o bem" (I Tessalonicenses 5:20-21). Pois bem, por que lhe digo isso?

Na década de 1990, uma irmã orando por mim disse que um dia uma mulher jogaria uma criança no meu colo praticamente sem vida e não era para eu temer. Eu deveria orar, e o Senhor traria novamente o fôlego de vida para aquela criança.

Como sempre, guardei essa palavra em meu coração.

Num domingo de 1999, eu e meu esposo estávamos num ponto de ônibus na Av. Bandeirantes, em Campo Grande/MS, próximo das 22h, pois estávamos voltando para casa após um culto na igreja batista onde meus pais eram membros.

Estávamos tranquilos conversando, sentados no ponto de ônibus, quando, de repente, escutamos os gritos de uma mulher descendo correndo por uma rua em nossa direção juntamente com um homem atrás dela. Ela estava com uma criança no colo de aproximadamente uns 7 ou 8 meses.

Ficamos em pé, atônitos, sem saber o que estava acontecendo, e ela chega e joga aquela criança nos meus braços e diz: "meu filho está morto, faz alguma coisa". Naquela hora, lembrei-me da palavra que aquela irmã havia me dito e comecei a orar com meu esposo, repreendendo o espírito da morte e clamando ao Senhor para que trouxesse vida àquele corpo. Em seguida, a criança se mexeu e começou a chorar. Continuamos a orar e ele foi melhorando, foi reanimando. Voltou sua cor e movimentos.

Logo após, parou um carro, pois o homem que a acompanhava estava estendendo a mão a quem passava pedindo socorro. Eu entreguei a criança àquela mãe e disse a ela que a levasse até o hospital para uma avaliação.

Ela, chorando, agradeceu e foi embora.

Nunca fiquei sabendo quem era aquela mulher, nem aquela criança e muito menos o que havia acontecido. Tudo foi muito rápido. Mas uma coisa eu sei: o Senhor nos usou, com toda a nossa debilidade humana, naquele momento de desespero daquela mãe, para, de alguma forma, trazer àquela criança um fôlego de vida, que estava se esvaindo. E mais: a palavra do Senhor dita por aquela profeta se cumpriu. Então, quando o Senhor fala, realmente se cumpre. Pode demorar o tempo que for para nós, mas se cumpre no tempo do Senhor.

Eu e meu esposo continuamos naquele ponto aguardando o ônibus, impressionados com o fato ocorrido e o desespero daquela mulher. Nosso corpo tremia pelo susto e pelo que o Senhor fez, mas ficamos gratos ao Senhor por podermos ser um auxílio para aquela mãe em desespero. Não é porque éramos perfeitos, não!!! É porque era o propósito de Deus assim o fazer naquele momento, manifestando-se na vida daquela mulher. Só dissemos a ela: "foi o Senhor que fez isso. Vá em paz". E ela se foi. Fizemos o que no momento podíamos fazer nos limites de nossa força e capacidade humana e espiritual. Deus é fiel!!!

Sempre que vier algo em suas mãos para fazer, que seja para a glória de Deus, faça. Mesmo que você se sinta incapaz, o Senhor o capacitará e se responsabilizará pelos resultados. Esteja sempre alerta e preparado para o JÁ de Deus em sua vida. Que o Senhor o(a) abençoe!

ORAÇÃO DO DIA:

Que o Senhor nos capacite cada vez mais para sermos instrumentos dele neste mundo, auxiliando aqueles que necessitem de ajuda em momentos de necessidade, de angústia e desespero;

Que sejamos a mão estendida do Senhor sempre. Amém.

O QUE ESSA VIVÊNCIA ME ENSINA?

VIVÊNCIA 8

DONA MARIA PAULA: GENEROSIDADE EM PESSOA

Texto Bíblico-Base: Provérbios 11
"A alma generosa engordará, e o que regar também será regado" (**Provérbios 11:25**).

Conforme o dicionário Houaiss[5], generosidade é a "virtude daquele que se dispõe a sacrificar os próprios interesses em benefício de outrem". Além dessa definição, encontramos em dicionários como o Aurélio outros sinônimos, quais sejam: caridade (na teologia cristã), magnanimidade (em Aristóteles) etc.

Essa é uma virtude que deveria ser <u>bastante evidente</u> entre os cristãos, principalmente entre os evangélicos, que por séculos estudam e pregam a Palavra de Deus, a Bíblia. Além do mais, Jesus em todo o seu ministério deixou clara, não só em palavras, mas na prática, a necessidade de se exercer a generosidade, a compaixão.

Infelizmente, a grande maioria dos evangélicos, e aqui não tenho receio de generalizações, tem omitido essa prática com o discurso de que a salvação não é pelas obras. Sim, a salvação não é pelas obras, mas o Apóstolo Tiago adverte-nos de que "A fé sem obras é morta" (Tiago 2:26). Sendo assim, fé e obras devem ser como uma avenida de mão dupla. Deve existir uma sintonia entre ambas, pois uma é complemento da outra.

Por quatro anos e meio, eu e meu esposo lidamos com minha sogra com problemas da doença classificada como Alzheimer. Meu sogro também já é idoso, na casa dos 87 anos. Você sabe que nesses casos o lado financeiro fica bastante fragilizado porque surgem

---

[5] HOUAISS, A. **Grande dicionário Houaiss da língua portuguesa**. São Paulo: Editora Moderna, 2015.

gastos a todo momento com: médicos, exames caros, remédios, alimentação, fraldas, cadeiras de banho e de rodas, cama apropriada, cuidador para auxiliar a família etc.

Meu esposo tinha só uma irmã que nos ajudava, mas faleceu em 12 de fevereiro de 2021. Já a minha sogra veio a óbito no mesmo ano, em 5 de setembro de 2021, após 59 dias de internação.

Quem, diante dessa situação, se preocupou em saber como estávamos e se precisávamos de cadeira de rodas, fraldas, cama hospitalar ou outra ajuda? Uma senhora católica praticante chamada Maria, vizinha de minha sogra.

Um dia, ao chegarmos à casa de minha sogra, logo no início do diagnóstico de Alzheimer, dona Maria chamou meu esposo e disse, com amor de mãe: "Meu filho, sabendo que vocês vão precisar, eu já guardei uma cama hospitalar com colchão para vocês usarem pelo tempo que for necessário. E mais: já solicitei em minha igreja uma cadeira de rodas reformada para sua mãe utilizar também, pelo tempo necessário. E tudo que pudermos fazer para ajudar, estamos à disposição".

Jamais esqueceremos essa senhora, seremos eternamente gratos por sua atenção e ajuda. E mais: ela é viúva e aposentada com salário-mínimo morando com sua irmã, também aposentada.

Como seria bom se existissem tantas outras Marias com um coração tão generoso e um olhar atento como o dessa mulher que não mede esforços para ajudar a quem precisa. Hoje, essa senhora, dona Maria, tem 80 anos de idade. Quanta inspiração essa mulher nos tem proporcionado ao longo desses anos pela sua prática do amor ao próximo!

E pasme: minha sogra, por muitos anos, foi corista de uma igreja batista em nossa cidade, teve um contralto fantástico, mas nunca recebeu um telefonema de quem quer que seja dessa comunidade cristã depois que deixou de frequentar o coral e a referida igreja por não ter condições de ir até lá. Apenas uma irmã passou umas duas vezes em sua casa. Nenhuma liderança procurou saber o que estava se passando com essa irmã corista.

Isso por muito tempo nos deixou entristecidos, até porque vivi situação semelhante em outra igreja batista, com o meu pai (diabético acamado) muito dedicado à casa do Senhor e à sua obra por décadas. Mas o que nos conforta e alegra é sabermos que existem pessoas exercendo essa virtude como a dona Maria. Isso realmente é um exemplo a ser seguido. Ela se preocupa com as pessoas de sua comunidade independentemente do credo religioso, fazendo, realmente, diferença no local onde mora. Quem ousa julgar o relacionamento dessa mulher com Jesus e a sua Palavra?!

Que o exemplo dessa mulher chamada Maria — todos os dias da janela do nosso apartamento a observamos atendendo e ajudando pessoas — seja a nossa motivação para exercermos a virtude da generosidade independentemente de que pessoa seja e a que credo pertença. Fica aqui uma pergunta para reflexão: "O que Jesus faria em nosso lugar?".

Que o Senhor nos ajude a sair da inércia em relação à necessidade de nossos semelhantes. Que muitas Marias sejam levantadas nesta geração para que o Reino do Senhor seja estabelecido em nossas vidas, nossas casas, nossa vizinhança, nossas famílias e nação brasileira. Que o Senhor o(a) abençoe!

ORAÇÃO DO DIA:

Que o Senhor nos ensine a nos submeter à prática de sua Palavra, exercendo assim a virtude da generosidade (amor ao próximo) na comunidade na qual estamos inseridos sem julgarmos as pessoas e o credo ao qual pertençam. Amém.

O QUE ESSA VIVÊNCIA ME ENSINA?

VIVÊNCIA 9

RESGATE

Texto Bíblico-Base: Provérbios 24
"Pois ainda que o justo caia sete vezes, tornará a erguer-se, mas os ímpios são arrastados pela calamidade" (Provérbios 24:16).

Por um tempo, entre 2010 e 2013, eu e meu esposo trabalhamos com uma Congregação ligada a uma igreja batista conceituada em nossa cidade. Éramos os responsáveis. A cada culto, chegavam pessoas com os problemas mais diversos, e todos requeriam de nós não só investimento espiritual ou de tempo, mas financeiro, como também necessidade de acompanhamento de profissionais técnicos, como: psicólogos, psiquiatras, advogados etc.

Certo dia, uma senhora de meia-idade apareceu trazendo uma jovem dependente química para que nós a ajudássemos. Assim o fizemos até chegar ao ponto de aquela moça desaparecer. Mas o mais interessante é como Deus usou essa situação. Na verdade, a pessoa com quem Deus tinha um propósito conosco ali naquele lugar não era a jovem dependente química, mas sim a senhora que a levou.

Conforme os dias foram se passando, aquela senhora foi se abrindo conosco. Ela tinha uma profunda revolta com o Senhor porque havia perdido uma filha muito jovem num acidente. E nesse meio ficou uma netinha que ela não conseguia a guarda, embora viesse há muito gastando com processos e advogados, pois ela vivia com o pai e a avó paterna em outro estado do país, em ambiente não propício para uma criança.

Essa senhora já havia pertencido a uma igreja batista, era conhecedora da Palavra, mas o sofrimento pela forma como a filha se foi e o distanciamento da neta provocaram profundas feridas e um aprisionamento de alma. A sua revolta com o Senhor era muito evidente.

Fomos trabalhando com ela, mais especificamente meu esposo, devido ao meu tempo. Conseguimos que uma irmã advogada, que frequentava a Congregação, assumisse o caso da neta dessa senhora e ajudamos o máximo que pudemos naquela ocasião em relação às exigências documentais do juiz que julgaria o caso, para que esse problema fosse solucionado.

Para a glória de Deus, aquela senhora foi se libertando do sentimento de revolta que tinha em relação ao Senhor por tudo o que acontecera em sua vida. Em poucos meses, ela conseguiu ganho de causa, e sua neta passou a viver com ela.

Essa senhora continua firme no Senhor, participa de uma igreja batista em nossa cidade e tornou-se uma empreendedora, conquistando uma melhor qualidade de vida para si e para sua família. Hoje, até viagens internacionais passaram a fazer parte de sua vida, pois uma filha dela mora na Suíça, e todos os anos ela faz, no mínimo, uma viagem para esse país.

O que aprendemos com isso?! Aprendemos que Deus é perfeito em sua forma de trabalhar e os seus métodos jamais falham. E que Ele usa pessoas que se disponham a ser o que Madre Teresa de Calcutá disse desejar ser: "um lápis nas mãos de Deus". Ou seja, pessoas que se colocam como ferramentas para que Deus as use na Terra para a restauração de vidas. Nesse caso, foram os irmãos da missão contribuindo, orando, a advogada, a psicóloga que avaliou a irmã, eu e meu esposo, e por que não dizer o juiz?!

Olha a forma como essa senhora chegou até nós! Trazendo outra pessoa, mas que na verdade quem naquele momento estava por um fio era ela mesma. Deus é tremendo! Toda Glória seja dada somente a Ele. Que o Senhor o(a) abençoe!

ORAÇÃO DO DIA:

Que o Senhor nos faça sensíveis às necessidades do ser humano e que nos liberte do egoísmo, do individualismo, para que sejamos o "Lápis de Deus" na Terra, para que muitas histórias como esta sejam escritas e reescritas. Amém.

VIVÊNCIAS QUE INSPIRAM

O QUE ESSA VIVÊNCIA ME ENSINA?

VIVÊNCIA 10

GRAÇA DO SENHOR

Texto Bíblico-Base: Hebreus 4
"Cheguemos, pois, com confiança ao trono da graça, para que possamos alcançar misericórdia e achar graça, a fim de sermos ajudados em tempo oportuno" (Hebreus 4:16).

Nos anos de 2004 a 2007, moramos numa casa aparentemente segura em um bairro mais ou menos central e tranquilo em nossa cidade. Por um tempo, fomos bem-sucedidos, mas no último ano as coisas ficaram muito difíceis.

Como durante o dia a casa ficava sem ninguém, fomos por duas vezes visitados por ladrões, que levaram vários de nossos pertences, sem contar que, numa noite, quando meu esposo voltava da faculdade, foi assaltado na rua, apanhou, perdeu dinheiro... Tivemos que ir ao hospital e iniciar um tratamento, pois nesse tempo ele adoeceu.

O nosso maior desejo era sair daquela casa o mais rápido possível, mas, devido a tantos transtornos, as finanças, que já estavam apertadas, ficaram mais comprometidas.

Oramos muito e passamos a procurar outro lugar, e agora queríamos um apartamento que nos desse mais segurança. Encontramos um numa imobiliária, mas como alugar com as finanças e o nome comprometido? Eu fui muito clara com a proprietária daquela imobiliária sobre nossa situação. Foi aí que entrou uma senhora chamada Graça. Ela me disse: "Eu vou ajudá-la. Arrume somente um fiador ao invés de dois e traga os documentos necessários". Um casal abençoado, tios do meu marido, teve a disposição de ser o nosso fiador. Glória a Deus!

E assim foi. Moramos seis anos nesse apartamento sem quaisquer problemas. Nós o deixamos em melhor estado do que quando entramos nele, primeiro por gratidão a Deus, e segundo por gratidão à dona Graça, que se colocou como instrumento de Deus para nos abençoar num momento tão difícil de nossas vidas. A graça do Senhor foi dupla em nossas vidas! rsrsrs

Temos aprendido na prática que o Senhor <u>nunca</u> nos abandona quando colocamos exclusivamente nele a nossa confiança.

Um pastor amigo nosso costumava falar nos cultos que: "Quando as portas se fecham à direita, à esquerda, à frente e atrás, podemos ter a certeza de que a saída está pra cima". Realmente, a saída vem somente do alto, do Senhor, e Ele usa as ferramentas que se dispõem a serem usadas para que os propósitos dele se cumpram na vida daqueles que confiam nele e em sua Palavra.

É bem aplicável aqui aquele versículo do salmista que diz: "Elevo os meus olhos para os montes; de onde me virá o socorro? O meu socorro vem do Senhor que fez os céus e a terra" (Salmo 121:1-2).

Ainda que as pessoas nos abandonem na hora da necessidade, o Senhor nunca nos abandonará. O nosso Deus é mais do que suficiente em quaisquer circunstâncias. Esteja certo(a) de que Ele sempre tocará no coração de alguém, talvez da pessoa mais improvável aos nossos olhos, para que o nosso auxílio se materialize. Que o Senhor o(a) abençoe!

ORAÇÃO DO DIA:

Que o Senhor nos capacite, a cada dia, a nos desprender de nossa capacidade humana, de nossas razões, de nossos achismos e confiarmos única e exclusivamente na direção e proteção dele, tanto nos dias de bonança quanto nos dias de aperto. Ele é e sempre continuará sendo o mesmo. Ele é o nosso provedor em todas as áreas de nossas vidas. Amém.

O QUE ESSA VIVÊNCIA ME ENSINA?

VIVÊNCIA 11

LIVRAMENTO NUM ACIDENTE DE CARRO

Texto Bíblico-Base: Salmo 68
"O nosso Deus é um Deus que salva; Ele é o Soberano, Ele é o Senhor que nos livra da morte" (Salmo 68:20).

Era a primeira semana do mês de dezembro de 2018, um início de manhã agradável, e, como sempre, eu seguia em meu carro — um Fiat Pálio Fire Prata — para o trabalho. O trânsito seguia tranquilo. A certa altura, entrei em uma rua preferencial (sempre passava por ela) e seguia atrás de outro veículo numa velocidade relativamente baixa porque jamais gostei de andar em alta velocidade.

Na primeira rua seguinte, o veículo da minha frente virou à esquerda, e eu continuei na mesma velocidade, lembrando que as quadras nessa rua são bem curtas.

De repente, sem tempo para que eu desviasse o suficiente, um carro preto atravessa a rua na minha frente, mas numa velocidade lenta, pois o seu condutor estava ao celular.

Para uma rua relativamente estreita e a baixa velocidade do outro veículo, tornou-se impossível eu desviar do outro veículo à esquerda. Se assim o fizesse, poderia ter capotado o meu carro. Fiz o que pude diante do susto, mas bati com o carro na lateral próximo à roda dianteira. O susto foi enorme, e o estrago também.

Fiquei dias com o corpo dolorido, mas não sofri nenhuma fratura, graças a Deus! Daí você já sabe, inúmeros procedimentos com laudos, perícias, seguros etc. Quanta chateação e transtornos na vida pessoal!

Fiquei sem carro. Nesse ínterim, usei por 15 dias carro reserva, do meu seguro, mas depois, no aguardo de resultados do seguro do outro veículo, fiquei a pé o restante do mês de dezembro e parte do mês de janeiro de 2019.

Qual não foi a surpresa quando dois laudos do seguro apresentaram perda total do veículo. Num primeiro momento, fiquei muito aborrecida, pois gostava muito do meu carro, e este já era quitado. Mas, logo em seguida, comecei a pensar no grande livramento que Deus me deu.

Deus, além de ter me livrado de problemas de saúde e da morte num acidente como esse, presenteou-me com um carro muito melhor que aquele, e zero. Com o dinheiro pago pelo seguro, dei uma boa entrada e consegui parcelar de forma que pudesse pagá-lo.

O que eu aprendi com isso?

Aprendi que, por mais que o inimigo de nossas almas tente nos parar, nos tirar de circulação, o Senhor sempre nos estende a sua boa mão para nos livrar e nos mostrar a sua bondade e a sua fidelidade para conosco.

Outro aspecto muito importante: que busquemos não ser ferramentas usadas pelo inimigo para prejuízo de outras pessoas por negligenciarmos as leis de trânsito ou outras regras estabelecidas em nossa sociedade, ou em qualquer outra sociedade.

Embora prejuízos materiais e emocionais tenham acontecido, o que prevaleceu foi a bondade e a misericórdia do nosso Deus! Que o Senhor nos ajude a sermos cidadãos dignos. Que o Senhor o(a) abençoe!

ORAÇÃO DO DIA:

Que o Senhor nos capacite a perceber em cada circunstância de nossas vidas a sua bondade e a sua fidelidade para conosco em cada livramento que nos é dado. Amém.

VIVÊNCIAS QUE INSPIRAM

O QUE ESSA VIVÊNCIA ME ENSINA?

VIVÊNCIA 12

SAINDO DA "ZONA DE CONFORTO"

Texto Bíblico-Base: Romanos 8
"E sabemos que todas as coisas cooperam para o bem daqueles que amam a Deus; daqueles que são chamados segundo o seu propósito" (Romanos 8:28).

Não é fácil entendermos algumas situações que acontecem conosco no dia a dia; daí a importância de pedirmos a Deus discernimento sobre os fatos e pessoas que nos cercam. Precisamos aprender a ler os sinais à nossa volta para que não nos percamos quanto aos propósitos de Deus em nossa trajetória de vida.

Era o primeiro semestre de 2008, e os superiores do local onde eu trabalhava decidiram que eu e mais duas colegas seríamos transferidas de setor (no meu caso, sairia da Seção Psicopedagógica para a Seção de Supervisão Escolar). Não concordamos com a decisão, pois éramos concursadas, pelo menos duas de nós, para trabalharmos naquela seção. Mas como diz o velho ditado: "quem pode manda; quem tem juízo obedece". Fomos muito contra a vontade, mas fomos para o setor designado a cada uma de nós.

Embora eu tivesse formação e experiência sobre o trabalho daquele setor, eu fiquei de "escanteio", pois já havia pessoas responsáveis para atender a todas as demandas. Fiquei muito aborrecida, mas fui tentando estabelecer uma boa convivência ajudando os colegas quando necessário e cumprindo as determinações da chefia imediata. Esse foi um tempo em que me senti muito infrutífera, até porque na minha seção anterior eu fazia muitos atendimentos às famílias, estudantes e docentes.

Com o passar dos meses, nasceu em mim um desejo de voltar a estudar, e eu comecei a pesquisar sobre mestrado em Educação na Universidade Federal de Mato Grosso do Sul (UFMS). Decidi de qual linha de pesquisa desejava participar e enviei um e-mail a uma professora do programa de pós-graduação solicitando se ela poderia atender-me para que eu pudesse me inteirar sobre todo o processo de seleção.

Prontamente a professora respondeu e agendou um horário. Lá fui eu com uma ideia, ainda que muito vaga, de pesquisa. Eu não tinha conhecimento, mas naqueles dias estavam abertas as inscrições para uma disciplina apenas como "aluno especial". A professora sugeriu que eu participasse do processo seletivo, pois isso me ajudaria muito a começar a compreender o processo de pesquisa, como construir um projeto e fundamentá-lo teoricamente etc. e ainda me convidou para participar do grupo de pesquisa coordenado por ela. Percebi que ali havia um sinal de Deus sobre o porquê de todo aquele transtorno no meu setor de trabalho.

Saí dali com um duplo sentimento: feliz por todas as orientações, mas com dois desafios urgentes: participar da seleção para "aluno especial", que envolvia todo um processo e documentações; e solicitar autorização no meu trabalho para participar da referida seleção, pois caso fosse aprovada, precisaria de dispensa de uma tarde de trabalho para frequentar as aulas. Mas "arregacei as mangas e fui à luta". As portas se abriram, e fechei aquele ano com a sensação de "uma batalha vencida". De uma realização.

E não foi só isso. No final daquele mesmo ano, enfrentei um processo seletivo para o mestrado em Educação como aluna oficial, e mais uma vez o Senhor me deu vitória. Consegui novamente autorização no trabalho para fazer o curso. Em 2010, transferiram-me de volta para aquela seção, e eu ainda cursava o mestrado, finalizando-o em 2011.

O que eu aprendi com tudo isso?

O Senhor permitiu todo aquele transtorno de transferência de setor — pois o inimigo só age com a permissão de Deus quando estamos sendo fiéis a Ele —, para que eu me movimentasse diante daquela insatisfação na qual estava vivendo naquele momento. O Senhor tirou-me da "zona de conforto" para que um propósito dele se cumprisse em minha vida. Hoje eu compreendo que o Senhor desejava me honrar, embora num primeiro momento eu não compreendesse o que estava acontecendo.

Precisamos aprender a não só olhar, mas a compreender o que o Senhor deseja nos mostrar e nos ensinar diante de determinadas circunstâncias adversas que surgem em nossas vidas. Estejamos atentos para que não nos transformemos em vítimas diante das adversidades, mas em agentes de transformação. Deus usa diferentes formas, pessoas e circunstâncias para trabalhar em nosso caráter, em nossa vontade, para que o propósito dele seja estabelecido em nossas vidas.

É necessário que rejeitemos todo o "vitimismo" que muitas vezes quer se apossar de nossas mentes, nossos sentimentos. Precisamos ter claro qual é o nosso lugar em Deus, pois nele não somos "vítimas" de circunstâncias ou pessoas, mas sim filhos e filhas amados e chamados para um propósito. A Bíblia nos afirma que: "No amor não há medo, antes o perfeito amor lança fora todo o medo [...]" (I João 4:18).

O meu desafio hoje para você é: ore, mas levante-se e aja em direção àquilo que Deus colocar em seu coração para que os propósitos dele se cumpram em sua vida, pois a Palavra de Deus traz uma afirmação categórica para todos aqueles que confessam a Cristo como Salvador e Senhor: "E nos ressuscitou juntamente com ele e nos fez assentar nos lugares celestiais, em Cristo Jesus" (Efésios 2:6). Deus não nos fez promessa de colocar-nos em qualquer lugar, mas sim em lugar de domínio, de autoridade sobre toda indagação ou desejo do inferno em nos paralisar ou derrotar. Esteja certo(a) de que em Cristo Jesus caminharemos de vitória em vitória. Que o Senhor o(a) abençoe!

ORAÇÃO DO DIA:

Que o Senhor nos capacite a ler os sinais que Ele nos dá e que sejamos corajosos em ir ao encontro de tudo aquilo que nos levará a cumprir os seus propósitos aqui nesta terra;

Que sejamos fortes e corajosos nos desprendendo de todo o "vitimismo" e avancemos para além de nossa "zona de conforto", para que o melhor de Deus seja derramado sobre nós e através de nós em nossa trajetória de fé e prática da Palavra de Deus. Amém.

O QUE ESSA VIVÊNCIA ME ENSINA?

VIVÊNCIA 13

UMA SEMENTE LANÇADA (1)

Texto Bíblico-Base: Mateus 13
"E, falou-lhe de muitas coisas por parábolas, dizendo: eis que o semeador saiu a semear. [...] E outra caiu em boa terra, e deu fruto: um a cem, outro a sessenta e outro a trinta" (Mateus 13: 3,8).

No início da década de 1980, no período noturno, eu cursava o ensino médio (na época segundo grau) numa escola pública relativamente grande e bastante concorrida no centro da cidade de Campo Grande/MS, onde moro até o momento. Lá também estudava uma amiga e irmã em Cristo por nome Margareth, que tocava violão, ou seja, estava no caminho do aprendizado... rsrsrsr.

Éramos adolescentes bastante envolvidas na igreja batista do bairro Guanandi, à qual pertencíamos. O desejo de compartilhar o amor de Deus com outras pessoas fazia parte de nosso cotidiano, até porque o nosso pastor, Isaac Braz (*in memoriam*), era um ardoroso evangelista e um mestre por excelência da Palavra de Deus. Que homem fantástico! O que sei de Bíblia hoje devo a meus pais e a esse pastor, que me motivou à liderança. Um referencial por excelência.

Então, solicitamos à diretora da escola sua permissão para que, uma vez por semana, nos reuníssemos num intervalo de 30 minutos num salão que existia no andar superior da escola, para que quem quisesse fosse participar conosco de louvores, orações e ouvir, ainda que brevemente, um texto da Palavra de Deus. E assim foi pelos dois anos que estudei lá, o segundo e terceiro ano do ensino médio (segundo grau). A Margareth se formou um ano antes de mim.

Vivemos muitas experiências bacanas naquela escola, não só em relação a esse trabalho, mas como um todo: uma direção e docentes de qualidade, muito comprometidos com o ensino e relacionamento com os alunos. Todos esses momentos deixaram marcas profundas — positivas, é claro.

Mas, Miriam, o que isso tem a ver com a semente?! Calma, já vou lhe contar.

Depois de mais de duas décadas, numa manhã ensolarada, desço de um ônibus circular em frente ao Colégio Militar de Campo Grande (CMCG), onde trabalhava, exercendo a função de orientadora educacional. Atrás de mim, desce um senhor, um militar, o qual percebo que acelera os passos para emparelhar comigo, cumprimenta-me e diz: "Senhora Miriam, você não deve se lembrar de mim, mas eu me lembro muito bem da senhora e da Margareth lá na escola Joaquim Murtinho. Frequentei aquelas reuniões que vocês faziam. Lá aceitei Jesus, depois de um tempo me casei, tenho filhos e toda minha família está firme com Jesus e na igreja". Glórias a Deus!

Para mim, uma grata surpresa! Fiquei muito feliz com aquele testemunho, pois jamais imaginava saber de algo tão edificante naquele dia. Aí nossa conversa fluiu bastante porque ele ia até o colégio onde eu trabalhava, e... Pasme! O casal de filhos dele estudava no mesmo colégio, por sinal excelentes alunos.

Nesse mesmo colégio, o CMCG, por mais de uma década eu também coordenei um trabalho desse tipo com alunos voluntários no horário de almoço e, com o passar do tempo, nos intervalos de aula. Esse grupo chamava-se Núcleo dos Alunos Evangélicos (NAE). Creio eu que funciona até hoje com nova liderança. Ali também colhemos vários frutos.

É bem o que o Apóstolo Paulo nos fala em I Coríntios 3:6: "Eu plantei, Apolo regou; mas Deus deu o crescimento". Eu, Margareth e outros plantamos, mas Deus deu o crescimento. "Por isso, nem o que planta é alguma coisa, nem o que rega, mas Deus, que dá o crescimento" (v.7).

Que sejamos sábios e zelosos quanto ao tempo e onde Deus nos coloca. Seja no trabalho, na escola, na universidade, na vizinhança, entre parentes... Anunciemos que o Reino de Deus está próximo, principalmente com as nossas ações/práticas, pois o nosso exemplo fala mais alto do que as nossas palavras. Procuremos ser bons funcionários, bons estudantes, bons colegas, bons filhos e irmãos, bons vizinhos etc. Isso tudo agradará ao Senhor. Que o Senhor o(a) abençoe!

ORAÇÃO DO DIA:

Que o Senhor nos capacite, a cada dia, a não ser apenas ouvintes da Palavra, mas sábios praticantes dela, aproveitando o tempo, porque esse (o tempo) não volta mais, não nos perdoa;

Que tenhamos ouvidos e práticas de discípulos. Amém.

O QUE ESSA VIVÊNCIA ME ENSINA?

VIVÊNCIA 14

UMA SEMENTE LANÇADA (2)

Texto Bíblico-Base: Mateus 13
"Mas, o que foi semeado em boa terra é o que ouve e compreende a palavra; e dá fruto, e um produz cem, outro sessenta, e outro trinta" (Mateus 13:23).

No final da década de 70 até início da década de 90, participei ativamente da igreja batista no bairro Guanandi, em Campo Grande/MS. Como já disse na vivência anterior, tínhamos como pastor Isaac Braz (*in memoriam*), um autêntico servo de Deus.

Esse pastor, que já estava próximo da casa dos 60 anos, tinha uma energia que muitos jovens não tinham. Pregava o que vivia e vivia o que pregava; ele tinha pressa em anunciar o Reino de Deus. O coração desse homem ardia por missões, sendo assim um mestre e evangelista.

Toda a igreja era motivada a evangelizar. Naquele tempo, mais especificamente a década de 80, o grupo de jovens era grande e ativo. Estudávamos muito a Palavra de Deus, fazíamos concursos bíblicos, gincanas, vigílias, retiros, intercâmbios com outras igrejas, auxiliávamos as missões (congregações) aos sábados (tinha uma agenda elaborada pelo pastor) fazendo visitas evangelísticas durante o dia. À noite, dirigíamos o louvor, pregávamos etc.

Por uns três ou quatro anos, fui presidente dessa mocidade. Na primeira vez que fui eleita, tinha somente 15 anos. Naquela época, tínhamos um casal muito experiente e amado pelos jovens que se tornaram nossos conselheiros: irmã Clayr (*in memoriam*) e irmão Elias.

E por sermos muito ativos no evangelismo, todos os domingos pela manhã chegávamos mais cedo à igreja e realizávamos um culto rápido na feira livre numa rua bem próxima à igreja. Os rapazes levavam uma caixa de som, uma guitarra, extensões e um microfone. No local onde parávamos, pedíamos a um morador se ele nos emprestava a energia de sua casa por alguns minutos (mais ou menos 30 a 45 minutos).

E assim revezávamos quanto a quem compartilharia a Palavra de Deus, solos, duetos, conjunto etc. Tudo era bem planejado devido ao tempo, pois participávamos ativamente da Escola Bíblica Dominical (EBD) também.

Isso fizemos por vários anos. Domingo a domingo, lançávamos a semente da Palavra de Deus. A igreja, não só por conta dessa atividade evangelística, mas por várias outras também, colheu muitos frutos.

Os anos se passaram, e um belo dia eu fui pregar, numa manhã de domingo, numa igreja batista no bairro Tarumã. Essa igreja foi congregação de nossa igreja.

Ao final do culto, qual não foi a minha surpresa!!!

Uma senhora de meia-idade chamou-me à parte e me disse: "Miriam, você se lembra que você e os jovens da Igreja Batista do Guanandi pregavam na feira de lá todos os domingos pela manhã?!". Respondi: "Sim, claro!" E ela continuou: "Então, nossa casa era em frente à praça, e todas as vezes que vocês pediam a nós a energia emprestada, nós ouvíamos a Palavra dentro de casa. Um dia você pregou e eu decidi entregar a minha vida a Jesus. Os anos se passaram e aqui estou servindo a Jesus com a minha família". Esta já era casada e tinha filhos.

Você não faz ideia do quanto meu coração se alegrou!!! Aleluia! Glórias a Deus!

Aquela semente da Palavra de Deus caiu em boa terra e germinou, e com certeza deu outros frutos. Eu jamais imaginava ouvir tal testemunho naquela manhã.

Por isso que, sempre que pudermos, devemos compartilhar uma palavra, por mais breve que ela seja, sobre o amor de Deus e o propósito dele em enviar Jesus ao mundo.

Essa foi uma pessoa só que compartilhou isso comigo; quantas outras pessoas talvez tenhamos alcançado naquelas manhãs de domingo durante aqueles anos?

Toda boa semente, com certeza, dará bons frutos. Semeie a Palavra de Deus a tempo e fora de tempo, quer seja por palavras ou por ações. Alguém será alcançado por essa atitude sua para a Glória de Deus!!! A Ele todo nosso louvor e adoração ontem, hoje e eternamente! Que o Senhor o(a) abençoe!

ORAÇÃO DO DIA:

Que o Senhor possa acender a cada dia a chama por missões em nossos corações;

Que sejamos anunciadores das boas novas do evangelho a tempo e fora de tempo, quer seja pregando, ensinando, cantando, orando e praticando as boas obras (boas ações) para com aqueles que necessitam. Amém.

O QUE ESSA VIVÊNCIA ME ENSINA?

VIVÊNCIA 15

A DIREÇÃO DO SENHOR NA HORA DA ANGÚSTIA

Texto Bíblico-Base: Salmo 34
"Muitas são as aflições do justo, mas o Senhor o livra de todas"
(Salmo 34: 19).

Era maio de 2019, minha mãe já idosa foi acometida de muita falta de ar, resfriado e dores. Chamamos o Serviço de Atendimento Móvel de Urgência (Samu), e ela foi atendida por um médico de plantão que aparentava uma certa experiência na área médica. Esse atendimento foi em uma Unidade de Pronto Atendimento (UPA) próxima à casa de minha mãe.

Qual não foi a nossa surpresa quando aquele médico receitou um antialérgico daqueles que encontramos em postos de saúde e nos disse para levar a nossa mãe para casa porque aquilo era apenas um problema de refluxo. Nós sabíamos que não era isso, pois já havia uns três anos que, quando iniciava o período do inverno e também de baixa umidade do ar, minha mãe desenvolvia com muita rapidez uma pneumonia, e com isso suspeitou-se de um outro problema: a asma.

Questionei o médico tentando explicar o problema, mas ele não quis me ouvir, e, assim sendo, colocamos minha mãe no carro e voltamos para casa muito apreensivos, pois já era próximo da madrugada e estava muito frio.

Claro que minha mãe passou mal a noite inteira e nós não descansamos. Ao amanhecer, logo cedo, chamamos o Samu novamente e explicamos o ocorrido. Eles concordaram conosco que o caso dela era grave, e que, portanto, iam encaminhá-la para outra UPA, bem longe da casa dela, mas foi a melhor decisão tomada.

Ao chegar lá, foi imediatamente internada com uma grave pneumonia já instalada. Ficou mais de semana internada. Teve alta já bem melhor de saúde e continuamos o tratamento em casa; mas logo precisou ser internada novamente na mesma UPA, longe de casa. Lá ficou por uns sete dias.

Nesse tempo, eu e meus irmãos decidimos que íamos unir as forças, financeiramente falando, e a levaríamos a um especialista particular. Mas qual especialista?! Pneumologista?! Claro que este iria encaminhar para outros especialistas e não podíamos ficar movimentando muito a nossa mãe, pois ainda não estava bem. Precisávamos de alguém que fosse especialista, mas que tivesse uma visão mais ampla sobre a causa daquele problema. Continuamos orando e buscando uma solução.

No meu trabalho, os colegas me sugeriram que a levássemos a um geriatra. Mas quem? Nenhum deles conhecia geriatras que tivessem boas referências.

Então, pedindo a Deus uma direção, entrei no nosso amigo Google e pesquisei sobre os dez melhores geriatras em Campo Grande/MS.

Depois fui lendo sobre a formação e publicações que cada um tinha. De repente, deparei-me com uma doutora que era clínica geral, cardiologista e geriatra. Daquelas médicas de 40 anos de profissão. Ela tinha várias publicações científicas. Pensei: "Oba! Essa é estudiosa, se atualiza... Deve ser muito boa profissional".

Falei com meus irmãos, marcamos a consulta. Eu e um irmão a levamos, e, ao chegar lá, a médica, muito atenciosa, examinou-a, fez uma série de perguntas e solicitou um exame de Raio-X como emergência num Laboratório ali próximo. Ela dispensou até o laudo, pois sabia ler prontamente as imagens de tal exame. Assim o fizemos e voltamos ao consultório.

A médica ficou assustada com o resultado. O pulmão de minha mãe estava muito, mas muito comprometido com a pneumonia. Disse que entraria com um tratamento de choque e que em 15 dias desejava vê-la novamente, e fez-nos garantir que seguiríamos à risca o que ela prescrevesse. Somente naquele dia gastamos aproximadamente R$ 1.000,00 (mil reais) só com remédios, fora consulta e exames.

Mas valeu a pena! Em 15 dias, minha mãe estava muito bem. No retorno e após novo Raio-X, a médica prescreveu repetir só alguns medicamentos. Minha mãe ficou 100% recuperada. Aleluia!!! Naquele ano, minha mãe tinha 96 anos.

Estamos no final de 2021, e nunca mais minha mãe teve crise de asma nem de pneumonia. Em setembro desse ano, minha mãe completou 99 anos com muita saúde, passando ilesa pela pandemia. O Senhor é bom em todo o tempo e sempre nos conduz por caminhos excelentes quando buscamos a sua direção. Que o Senhor o(a) abençoe.

O que eu aprendo com isso?

Primeiro, devemos, em todos os momentos de angústias e incertezas, buscar a direção e a dependência de Deus; segundo, como um profissional bem preparado e humano faz toda a diferença na vida de uma pessoa. Somos muito gratos àquela doutora. Se tivéssemos deixado minha mãe, naquele momento, sendo tratada em UPAs, não a teríamos mais conosco, lúcida como é e saudável. Ela se tornou a sua geriatra. Que o Senhor o(a) abençoe!

ORAÇÃO DO DIA:

Que o Senhor coloque em nós o desejo e a disposição para nos aperfeiçoarmos e sermos os melhores profissionais possíveis, seja em qual área for, nunca nos esquecendo de sermos humanos, pois a arrogância é algo abominável ao Senhor;

Que a nossa dependência seja unicamente do nosso Deus, criador e sustentador deste Universo;

Que tenhamos sempre a humildade para ouvirmos conselhos e a sensibilidade para entendermos qual a direção que o Senhor está nos dando em momentos decisivos de nossas vidas. Amém.

O QUE ESSA VIVÊNCIA ME ENSINA?

VIVÊNCIA 16

LIVRAMENTO DO "HOMEM MAU"

Texto Bíblico-Base: Salmo 140
"Livra-me, ó Senhor, do homem mau; guarda-me do homem violento" (Salmo 140:1).

Certa manhã de 1994, eu estava organizando algumas coisas na minha escola infantil (aquela a que me referi na vivência 1), pois ela funcionava somente no período vespertino; ali também estava a professora Cleide fazendo o seu planejamento.

De repente, um vizinho da escola que tinha algumas crianças pequenas veio me solicitar ajuda pedindo que o levasse a um certo bairro da cidade devido a uma emergência. Como me pareceu ser uma verdade, chamei a professora para que fosse comigo.

No caminho, aquele moço começou a me fazer umas perguntas que foram nos deixando bastante atentas, como: "o tanque está cheio?", "os pneus estão novos, né?!".

A professora Cleide, antes de sairmos, acomodou-se no banco traseiro do carro, e o vizinho foi no banco do passageiro. Quando este começou a fazer aquelas perguntas, eu e a professora nos olhamos pelo retrovisor interno do carro. Deus nos deu o discernimento do que aquele homem pretendia.

Outro aspecto interessante é que ele não imaginava que nós duas conhecíamos muito bem o local para o qual estava nos levando. Quando chegamos à direção do bairro, eu lhe disse: "este é o bairro, qual é o local aonde deseja ir?". Foi dizendo vai ali, vira aqui, foi se confundindo, e eu lhe disse que deveria se decidir, pois conhecíamos muito bem aquele local.

De repente, ele nos falou que havia se enganado e que era numa vila (bairro) onde tinha um laticínios de leite pasteurizado,

Iporã. Era a Vila Jacy. Imediatamente fomos para lá. Por incrível que pareça, eu morava com meus pais, justamente nesse bairro há mais ou menos 16 anos. Ele não imaginava a providência e o cuidado de Deus para com as nossas vidas.

Disse para eu entrar numa rua mais deserta ao lado desse laticínios de leite pasteurizado e, depois, em outra que era sem asfalto e mais deserta ainda. Parei e perguntei-lhe: "e agora?!". Disse-me que deveria atravessar uma ponte em direção a um bairro que sempre teve a fama de muito perigoso, por existir ali comércio de entorpecentes, tráfico, furtos, roubos... Naquele momento me veio uma coragem/autoridade e eu disse àquele homem: "Por favor, desça do meu carro porque para aquele bairro eu não vou e o senhor já se equivocou demais". Ele desceu, bravo, e nós fomos almoçar na casa da minha mãe, muito assustadas com o que havia ocorrido e certas de que Deus nos havia livrado de uma grande cilada.

Após almoçarmos, passamos rapidamente na casa de uma irmã de oração para conversarmos sobre o fato recém-acontecido. Quando esta chegou ao portão, ela nos disse: "Que livramento Deus deu pra vocês, hein?!". Como Deus é lindo! Ele já havia mostrado o acontecido para aquela irmã. Conversamos, oramos e voltamos para a escola.

Olha o agir de Deus. Quando aquele homem começou a me fazer aquelas perguntas estranhas que citei no início deste texto, a professora Cleide, que tem uma voz muito bonita e ungida, começou a cantar um hino que diz: "Senhor, põe um anjo aqui". Esse cântico fala de pedido de livramento. Com certeza o Senhor desbaratou o plano do inimigo deixando aquele homem totalmente desorientado por meio daquele louvor, que na verdade era uma oração.

Ele foi percebendo em poucas palavras minhas que conhecíamos perfeitamente toda aquela região. O primeiro bairro era onde a Cleide morou por muitos anos e onde ficava a igreja batista do bairro Guanandi, da qual fomos membros por vários anos. Esse bairro era nosso conhecido antigo, pois ali fizemos muitas visitas evangelísticas quando adolescente e jovem.

Chegamos à escola para trabalhar regozijando no Senhor pelo grande livramento! Nunca mais consegui ver aquele vizinho da escola. Não sei para onde ele foi a partir daquele dia. Bendito seja o nosso Deus! Que o Senhor o(a) abençoe!

ORAÇÃO DO DIA:

Que o Senhor nos dê discernimento a cada momento que enfrentarmos um perigo; Que aprendamos a louvar ao Senhor em todas as circunstâncias certos de que o louvor desbarata os inimigos do Senhor e os nossos também. Amém.

O QUE ESSA VIVÊNCIA ME ENSINA?

VIVÊNCIA 17

O LITRO DE LEITE QUE COALHOU

Texto Bíblico-Base: I Tessalonicenses 5
"Em tudo dai graças, porque esta é a vontade de Deus em Cristo Jesus para convosco"
(I Tessalonicenses 5:18).

Alegrar-se no Senhor nos dias bons, nos dias de vitórias, de abundância é algo maravilhoso que não requer de nós nenhum esforço.

Mas, quando se trata de escassez, de falta, de necessidade seja material ou de saúde, somos confrontados com nós mesmos, com as nossas expectativas frustradas e emoções abaladas. Ao invés de darmos graças a Deus pelo que estamos passando, somos tentados a murmurar e a reclamar. O nosso vocabulário muda e até mesmo a forma como oramos.

Muitas vezes, chegamos ao ponto de "fazer birra" com Deus, se é que isso é possível, até mesmo nos entregando ao choro, ao desânimo, à desesperança. Daí a importância de nossa vigilância.

Diante desses dois quadros, a Palavra de Deus é imperativa. Ela não nos dá alternativas, ela simplesmente nos dá uma ordem: "Em tudo dai graças, [...]". Quando ela afirma tudo, significa que nada ficará de fora. Nem a escassez, nem a abundância; nem a alegria, nem a tristeza; nem a saúde, nem a enfermidade etc.

Esse texto me confronta de tal forma, a ponto de expor as minhas debilidades e fraquezas diante de um Deus tão magnífico, tão completo que transcende a minha capacidade humana de compreensão. A única coisa que consigo expressar diante dessa grandeza é dizê-lo como o pai daquele menino endemoniado que o trouxe até Jesus: "ajuda na minha incredulidade" (Marcos 9:24). É nesse ponto que tenho a oportunidade de ser envolvida pela convicção de que tudo é passageiro e em tudo sou tratada em sua presença.

Por que afirmo isso?

No início do nosso casamento, houve um tempo de muitas dificuldades financeiras (ainda vinha sanando dívidas daquela sociedade a que me referi na vivência 1), e quando ia chegando final de mês tudo ficava mais complicado.

Lembro bem: era inverno e um final de tarde chuvoso. Eu vinha voltando do trabalho e me bateu uma vontade enorme de tomar um leite quentinho, fervido na hora, com café e pão francês.

Passei num mercadinho próximo de casa e comprei o leite com o único trocado que tinha. Cheguei em casa, tomei um banho e disse ao meu esposo: "agora vou ferver o leite para tomarmos quentinho com café". Que decepção!

Ao ferver o leite, ele coalhou. E pior: o mercadinho já havia fechado.

Naquele momento, fomos confrontados mais uma vez pelo Senhor. Deus com certeza estava nos ensinando que Ele, a presença dele, era mais suficiente do que uma xícara de leite quente com café. Na verdade, nosso caráter estava sendo moldado naquele momento de escassez financeira. Precisávamos aprender, de verdade, que na abundância ou na escassez Ele continuava sendo o Deus provedor de nossas vidas e que a gratidão é uma virtude.

Você pode me perguntar: Miriam, foi fácil compreender isso naquele momento?! Claro que não. Depois que o misto de decepção/tristeza passou é que no espírito começamos a ser ministrados pela Palavra de Deus. Ainda bem que o Senhor nos dá oportunidades para mudarmos a nossa forma de ver e perceber as coisas, e de optarmos por exercer a nossa confiança nele unicamente. É uma questão de escolha, de decisão. É bom termos a clareza de que, durante a nossa caminhada com o Senhor, crescemos a partir de suas correções, seus <u>nãos</u> e, por que não dizer, seus <u>mimos</u> também.

É muito bom termos a clareza de que crescer dói; a dor faz parte do nosso aperfeiçoamento como pessoas, como cristãos. Nem sempre o Senhor nos dará tudo aquilo que desejamos e na hora que o desejamos, mas nos dará, sim, tudo aquilo de que realmente necessitamos. E muitas vezes nos dá além do que necessitamos para também nos testar sobre o como vamos nos comportar diante da abundância. Uma lição que aprendi com isso é que Ele nos permite aprender a valorizar tudo aquilo que almejamos nos dias de escassez. E, quando podemos usufruir daquilo que nos foi escasso, o sabor é outro. A Jesus, nosso Sumo Pastor, a honra eternamente. Que Deus o(a) abençoe!

ORAÇÃO DO DIA:

Que o Senhor nos capacite a compreender a preciosidade da virtude de ser grato(a). E que Ele nos ajude a nos permitir sermos tratados por Ele e por sua Palavra a tal ponto de sermos impregnados pela sua própria essência. Amém.

O QUE ESSA VIVÊNCIA ME ENSINA?

VIVÊNCIA 18

UM CORAÇÃO CRAVEJADO POR DIAMANTES

> Texto Bíblico-Base: Jeremias 17
> "Enganoso é o coração, mais do que todas as coisas, e perverso; quem o conhecerá?" (Jeremias 17:09).

Você já parou para pensar o quanto já foi ou é, ainda, traído(a) por seu próprio coração?

Temos a tendência de achar que a palavra "coração", presente umas centenas de vezes na Bíblia ou em outros escritos, tem a ver com esse aparelho tão essencial e responsável pela nossa vida. O sentido dessa palavra vai muito além do órgão presente em nosso corpo, responsável por bombear o nosso sangue e assim nos manter vivos.

Observemos sua origem: no hebraico é *lev* (לב) e no grego é *kardia* (καρδία).

O *lev* é o órgão humano central. Representa o ser interior. É o que nos faz amar, chorar, pecar e ter empatia. Um melhor equivalente em português seria "psique". Por esse motivo, no hebraico original da Bíblia, inúmeras qualidades morais são expressas usando a palavra *lev*.

- a **pessoa honrada** é descrita como *yashar-lev*, "**coração reto**" (Salmos 7:11)
- uma **pessoa teimosa** é *kashe-lev*, "**coração duro**" (Ezequiel 3:7)
- uma **pessoa arrogante** é culpada de *gevah-lev*, "**coração elevado**" (Provérbios 16:5)

- uma **pessoa desonesta** tem um *lev va-lev*, "**coração e coração**" ou "**coração duplo**" (Salmos 12:3)
- uma **pessoa corajosa** é chamada de *amitz-lev*, "**coração poderoso**" (Amós 2:16).[6]

Por que estou lhe dizendo isso e o que tem a ver com o título acima?

Eu e meu esposo tínhamos o costume de orar semanalmente com a única irmã (*in memoriam*) que ele tinha, uma serva de Deus, intercessora e profeta muito usada por Deus: a Eliane.

Uma bela noite, há vários anos, fomos, como de costume, orar com ela. E o que Deus mostrou para ela?

Mostrou que o coração do meu esposo era "cravejado por diamantes". Ela contou a visão para ele e disse que ele deveria pensar sobre tal visão e pedir discernimento a Deus. Ele saiu feliz da casa dela naquela noite e me disse: "você ouviu? O meu coração é precioso para Deus porque o diamante é uma das pedras mais preciosas que existe".

Fomos para casa, e, de vez em quando, ele relembrava o assunto. Qual não foi a sua surpresa quando, tempos depois, Deus deu a ele o discernimento dessa visão e me disse: "sabe, Miriam, o meu coração cravejado por diamantes significa que eu tenho um coração duro, pois o diamante é uma pedra, apesar de muito preciosa, é muito dura. O meu coração para Deus é precioso, mas sou duro de coração. Preciso mudar urgente a minha forma de pensar e agir".

E é exatamente isso. Muitas vezes somos enganados pelo nosso próprio coração; achamos que somos os únicos certos quanto ao que pensamos, conhecemos e praticamos. Não damos espaço para que o Espírito Santo de Deus nos mova para mudanças necessárias em nossa forma de ver, agir e sentir em relação a nós mesmos e ao nosso semelhante.

As mudanças que Deus promoveu e ainda tem promovido na vida de meu esposo e na minha vida, por vezes, foram regadas a perdas, a decepções, a lágrimas, a abandono, a julgamentos etc.

---

[6] Disponível em: https://lp.israelbiblicalstudies.com/lp_iibs_biblical_hebrew_heart_expressions_2019_v2-pt.html?cid=67182&adgroupid=-1&/. Acesso em: 28 nov. 2021. Grifo nosso.

Todas essas coisas fazem parte do processo. E a velocidade desse processo, muitas vezes, tem a ver com as nossas próprias atitudes e reações ao trabalhar de Deus. É uma escola. Deus só nos certificará para um propósito específico quando formos aprovados. Nenhuma escola ou universidade certifica o aluno displicente.

Hoje somos gratos ao Senhor por esse lapidar dele em nossas vidas e, principalmente, por ter nos dado o discernimento sobre a necessidade de ter um coração maleável na sua presença e no trato com os outros no dia a dia. Louvado seja o Senhor porque Ele nos ama e nos capacita, através do Espírito Santo, a nos convertermos a cada dia, ao sermos confrontados com a sua santidade.

Que você possa ter forças e desprendimento para fazer uma reflexão sobre como está o seu coração (interior) em relação a Deus e ao próximo. Que o Senhor continue a nos ajudar em nossas fraquejas! Que Deus o(a) abençoe!

ORAÇÃO DO DIA:

Que o Senhor nos ajude a ter um coração quebrantado na sua presença para que seja precioso (valioso) em todos os sentidos de nossas vidas. Amém.

O QUE ESSA VIVÊNCIA ME ENSINA?

VIVÊNCIA 19

A INDECISÃO EM UMA ROTATÓRIA

Texto Bíblico-Base: Provérbios 4
"**Pondera a vereda de teus pés, e todos os teus caminhos sejam bem-ordenados**" (**Provérbios 4:26**).

O ano de 2018 estava finalizando, era dia 3 de dezembro. Naquela manhã, no trajeto para o meu trabalho, sofri um acidente de trânsito por imprudência do outro motorista, que invadiu a via principal pela qual eu transitava. O carro foi dado como perda total, mas o Senhor me livrou da morte e de qualquer sequela. A perda do carro foi total e era hora de enfrentarmos todos os trâmites legais junto à seguradora.

Enfim, 2019 se inicia. Junto com o novo ano, nosso ânimo e esperança estavam se refazendo. Com o ressarcimento do valor do carro perdido por conta do acidente, demos entrada em um carro novo e financiamos o restante.

Para inaugurá-lo numa rodovia, convidamos uma irmã minha e minha cunhada, única irmã de meu esposo que passava uma temporada conosco aqui no Brasil, uma vez que esta morava na Espanha. O destino era a casa de um irmão meu, na cidade de Caarapó, aqui no estado de Mato Grosso do Sul.

Não usávamos GPS porque considerávamos que a viagem seria tranquila e que todas as sinalizações na rodovia estariam em dia. Tudo parecia sem problemas. Tomamos um delicioso café da manhã na cidade de Dourados/MS e seguimos para o nosso destino.

Quando estávamos saindo da cidade de Dourados/MS, deparamo-nos com uma rotatória que tinha outras saídas para outros destinos.

Qual não foi a nossa surpresa ao percebermos que não havia placa sinalizando o destino de Caarapó/MS. Uma das placas sinalizava somente o destino de Amambaí/MS, outra cidade do estado que ficava depois de Caarapó/MS, mas para variar uma indicação (uma placa) muito tímida em meio ao matagal, uma realidade brasileira, infelizmente!

Nunca havíamos viajado de carro para esse destino, portanto não nos atentamos que essa rodovia passava pela cidade à qual pretendíamos chegar.

Dei uma volta na rotatória, e, na segunda volta, decidimos que íamos seguir uma rota. Logo em seguida, percebemos que estávamos num caminho errado, pois este nos levaria a Ponta Porã/MS.

Paramos num acostamento um pouco seguro, ligamos para minha sobrinha e voltamos para a rotatória para pegarmos o caminho certo. Graças a Deus, encontramos o caminho que nos levaria ao destino desejado.

Apesar desse sufoco, nós nos divertimos muito, demos boas gargalhadas e aproveitamos muito nosso tempo naquele lugar. Foi pura diversão! Rsrsrs

O que podemos aprender com isso?

1. Poderíamos ter estudado melhor o caminho, já que sabemos que a maioria de nossas rodovias não são sinalizadas, e, quando o são, o serviço é de péssima qualidade (ou escondido em meio ao matagal);
2. Tínhamos condições de fazer uso das novas tecnologias presentes no carro novo e nos celulares como: GPS, Waze, Google Maps etc.;
3. O planejamento da viagem tinha uma falha, estava incompleto;
4. Estávamos muito autoconfiantes por ser uma região aqui do nosso estado;
5. Os meus parceiros de viagem confiaram que eu sabia de todos os detalhes do caminho.

Podemos fazer uma outra reflexão muito importante sobre esse fato. Muitas pessoas passam a maior parte do tempo de suas vidas girando em rotatórias. Ou seja, não sabem a que destino querem chegar ou, talvez, até saibam, como nosso caso, mas não decidem deixar de girar no mesmo lugar de sempre, na rotatória da vida. Não buscam conhecimentos, informações que as levem a decidir pelo caminho certo.

Daí a importância do conhecimento sobre nós mesmos, sobre nossas habilidades e a presença de um bom planejamento de vida. Estudar e capacitar-se é muito importante. Devemos aprender a usar todas as ferramentas disponíveis, a nosso favor, para que o nosso planejamento de vida seja bem-sucedido.

Eu costumo dizer que "o conhecimento nos liberta de muitas amarras". Importante também é estarmos atentos aos nossos relacionamentos. Precisamos buscar convivências saudáveis, que nos elevam, nos motivam a seguir em frente.

Existem alguns pontos essenciais que devemos levar em consideração para que tenhamos uma vida de realizações pessoais, familiares e profissionais, tais como: tomada de decisão, planejamento estratégico, foco, disciplina e persistência.

Se você não consegue se organizar sozinho(a), peça ajuda a alguém de confiança e, se possível, de um profissional técnico da área. Muitas vezes, sozinhos não conseguimos romper nossas próprias barreiras e nossas limitações por conta de nossa história de vida. E o mais importante de tudo: sempre coloque o temor ao Senhor à frente de todas as suas realizações pessoais e profissionais. Exercite sua fé e confiança na Palavra de Deus por meio de um relacionamento diário com ele por meio da oração. Escancare o seu coração aos pés de Jesus sobre os seus anseios, sonhos, fraquezas, fracassos, medos etc. O Senhor sabe de todas as coisas a nosso respeito, mas Ele deseja ouvir a nossa voz e sentir o nosso coração de filho, filha. Ele nos diz em sua Palavra: "Se vós, pois, sendo maus, sabeis dar boas coisas aos vossos filhos, quanto mais vosso Pai, que está nos céus, dará bens aos que lhe pedirem?" (Mateus 7:11).

Não seremos bem-sucedidos se não fizermos a nossa parte. Deus <u>sempre</u> fará a parte dele. A Bíblia nos afirma que "Deus não é homem para que minta; nem filho do homem para que se arrependa; porventura diria ele, e não o faria? Ou falaria, e não o confirmaria?" (Números 23:19). Se ele disse que estaria conosco, que nos ajudaria em nossas batalhas, nossas fraquezas que nos corrigiria e que nos daria vitórias diante do inimigo...é porque assim o fará. Creia e vá a luta. Que Deus o(a) abençoe!

ORAÇÃO DO DIA:

Que tenhamos ouvidos e coração de discípulos para que os nossos caminhos sejam sempre aplanados pelo Senhor;

Que aprendamos a fazer planos segundo o coração de Deus e que nenhum detalhe do mesmo seja ignorado;

Que o Senhor nos capacite a tomar as decisões corretas em nossas vidas para que saiamos das "rotatórias" que nos têm impedido de chegarmos ao nosso destino nesta terra para cumprirmos os propósitos de Deus. Amém.

O QUE ESSA VIVÊNCIA ME ENSINA?

VIVÊNCIA 20

UM CARRO – A RESPOSTA DE UMA ORAÇÃO

Texto Bíblico-Base: Mateus 7
"Pedi, e dar-se-vos-á; buscai, e achareis; batei, e abrir-se-vos-á" (**Mateus 7:7**).

O Reverendo, pastor Mauro Clementino da Silva (*in memoriam*), ex-pastor titular da Terceira igreja batista em Campo Grande/MS, costumava dizer o seguinte em suas ministrações: "Orar é sério e perigoso, porque Deus ouve e responde". Então, devemos ter cuidado com o que pedimos ao Senhor.

Como esse conselho pastoral é tão sábio! Deus realmente responde, e nem sempre é conforme pensamos, nem no tempo que desejamos, daí a importância de sermos sábios quanto às nossas petições.

Observe que o versículo acima traz três verbos importantíssimos: pedi – buscai – batei. Todos eles estão no modo imperativo, ou seja, todos são apresentados como uma ordem.

Então, por que não recebemos o que desejamos? Num primeiro momento, posso dizer que é porque não nos aplicamos adequadamente à oração, nem à obediência que Deus requer de cada um de nós. Em segundo lugar, pode ser que não seja o momento adequado para recebermos a resposta tão almejada, aqui entra o "espere". E, em terceiro lugar, pode não ser da vontade de Deus que recebamos o que estamos a pedir.

Precisamos pedir ao Senhor que nos dê ouvidos e coração de discípulos para aprendermos a nos conectar com a sua santidade e vontade dele para conosco. O Senhor deseja ser a nossa prioridade.

Pois bem, desde criança eu sonhava dirigir; observava muito o meu pai quando dirigia e, dessa forma, cultivei o desejo de ter o meu próprio carro. Logo que me formei na universidade, com o meu trabalho, Deus me proporcionou a realização desse sonho. Comprei o meu primeiro carro, usado, mas muito bem conservado.

Infelizmente, por uma péssima escolha, conforme já relatei neste livro, perdi o meu carro por conta de uma dívida devido àquela sociedade malsucedida em minha vida profissional. Assim, fiquei 15 anos sem conseguir comprar um novo carro, mas eu sempre colocava esse desejo diante do Senhor. Mas Deus sabe o que faz e como faz!

No mês de novembro de 2011, foi a minha banca de defesa do mestrado em Educação na Universidade Federal de Mato Grosso do Sul (UFMS). E eu sempre pedia ao Senhor que me desse de presente as condições para eu comprar um carro até o dia da minha banca de defesa do mestrado.

Qual não foi a minha surpresa quando, faltando uns três meses para a minha defesa, recebi um telefonema de uma sobrinha que mora em outra cidade do nosso estado, numa noite em que eu, meu esposo e um irmão em Cristo fazíamos uma visita a uma nova participante da Missão Batista à qual liderávamos.

Esse telefonema nos trouxe muitas alegrias, pois foi a resposta de nossas orações por anos. E o mais interessante é que essa sobrinha e minha irmã, mãe dela, colocaram-se como instrumentos de Deus para nos abençoar. Não há dinheiro que pague a atitude delas diante de tal fato.

O carro foi comprado zero km, tinha 19 parcelas pagas, pouco uso. E ela me disse que gostaria de passar esse carro para mim, pois havia comprado outro carro e ficaria difícil manter dois carros e ainda pagando prestação. E mais: o que ela havia pagado não era para eu devolver, apenas queria que eu continuasse pagando. Quer bênção maior que esta para alguém que estava há anos orando por um presente desse?! O Senhor é bom demais em todo o tempo.

Então, você já imagina o final da história.

No dia da minha banca de defesa do mestrado em Educação, lá estava eu e meu esposo felizes pelos dois presentes: o carro e o final do mestrado. Fomos felizes usufruindo do conforto de um carro, um Pálio Fire, quatro portas, da cor prata. Até a cor foi a que eu gosto para carro. Jamais me esquecerei desse presente. Fomos muito felizes por vários anos com esse carro. Pudemos com ele servir também aos nossos pais idosos sempre os auxiliando no que precisavam.

 Tenha sempre a certeza de que "o Senhor ouve e responde". Que Deus o(a) abençoe!

ORAÇÃO DO DIA:

Que o Senhor nos encha de sua sabedoria para que aprendamos a orar conforme o Espírito nos conduzir, tendo a convicção de que ele nos ouve e nos responde.

Que aprendamos a descansar as nossas mentes e corações nele, certos de que na estação certa ele moverá céus e terra, para nos entregar aquilo que pedimos segundo a sua vontade. Amém.

O QUE ESSA VIVÊNCIA ME ENSINA?

VIVÊNCIA 21

UMA IRMÃ CHAMADA YOLANDA

Texto Bíblico-Base: I João 4
"[...] porque o amor é de Deus; e qualquer que ama é nascido de Deus e conhece a Deus" (I João 4:7).

Como o ser humano tem se equivocado sobre a expressão do amor!

É muito fácil falar sobre o amor em versos, canções, poesias... O difícil mesmo é a sua expressão na vida prática e real, sem ficção. E é isso que realmente importa para o Senhor. Será que o temos conhecido na sua essência? E será que o Senhor tem nos reconhecido pela nossa prática do amor para com o próximo, nossa família e nossos irmãos na fé?! Ele mesmo nos afirmou: "Pelos seus frutos os conhecereis" (Mateus 7:16).

Por que falo isso?!

Porque desejo falar de uma mulher chamada Yolanda, uma irmã em Cristo, vizinha nossa e de minha sogra (*in memoriam*). Conhecemos essa irmã da Assembleia de Deus há algum tempo, e, desde então, ela sempre nos disse que orava sempre por todos nós. Portanto, uma intercessora em plena ação.

Durante o tempo em que cuidamos de minha sogra com Alzheimer, essa senhora revelou mais uma parte do seu amor ao Senhor e à família do meu esposo.

Sempre que ia ao mercado ou à feira livre, parava no portão da casa da minha sogra para saber como estávamos e dizia: "estou orando por vocês".

Mas não era só isso. Quase todas as semanas, ela fazia questão de fazer um delicioso pudim e um bolo, fazendo questão de trazê-los — pessoalmente — para a minha sogra. Ela sabia que pudim e bolo eram sobremesas amadas por minha sogra. Sempre dizia: "É o pouco que posso fazer pela minha irmã". Isso ela fez até o dia em que minha sogra foi internada e não mais voltou para sua casa terrena.

E pasme: essa irmã é viúva com a idade próxima dos 80 anos. Que privilégio conhecer e conviver com pessoas que realmente conhecem ao Senhor e praticam o amor ao próximo, aos irmãos na fé de forma tão natural. São pessoas que naturalmente exalam o bom perfume de Cristo. Não somente confessam com a sua boca o crer em Deus e na sua Palavras, mas materializam, por meio de suas obras/ações, a sua crença e amor ao Senhor. Essa irmã por um bom tempo alegrou muito o coração de minha sogra e o nosso também.

Como as nossas igrejas e a nossa sociedade estão carentes de pessoas como a irmã Yolanda! Pessoas que — realmente — conhecem ao Senhor e exalam o seu amor àqueles que necessitam. Que Deus o(a) abençoe!

ORAÇÃO DO DIA:

Que o Senhor produza em nós o mesmo sentimento que houve em Cristo Jesus todas as vezes que nos depararmos com pessoas que necessitarem de ajuda, de uma presença, de uma oração;

Que sejamos Yolandas, ou seja, pessoas que exalam o amor de Deus de maneira tão natural, ainda que achemos que temos pouco a oferecer. Lembrando sempre que o meu "pouco" e o seu "pouco" podem ser o "nada" de alguém. Amém.

O QUE ESSA VIVÊNCIA ME ENSINA?

VIVÊNCIA 22

LAVANDO OS PÉS UNS DOS OUTROS

Texto Bíblico-Base: João 13
"Ora, se eu, Senhor e Mestre, vos lavei os pés, vós deveis também lavar os pés uns aos outros. Porque eu vos dei o exemplo, para que, como eu vos fiz, façais vós também. [...] Se sabeis estas coisas, bem-aventurados sois se as fizerdes" (João 13: 14-15 e 17).

Se observarmos bem o ministério de Jesus descrito nos quatro evangelhos, saltará aos nossos olhos o como Jesus ensinou a seus discípulos e a toda a humanidade. Ele não foi e não é um mestre teórico. Jesus pautou o seu ministério na prática e, por meio dessa prática, ensinava a todos, e a nós também, como deve ser o nosso procedimento como cristãos.

Seríamos hipócritas se disséssemos que é fácil lavar os pés de pessoas que não são do nosso próprio sangue ou até mesmo estas.

Quando falo de lavar os pés, não estou me referindo apenas ao ato de pegar uma bacia com água, sabão e toalha e lavar os pés de alguém. Estou falando do ato de servir a alguém com o seu tempo, o seu trabalho, a sua atenção e as suas finanças.

Esse serviço de servo(a) não é nada fácil, pois nos submete a algo que nunca imaginávamos que faríamos. Produz em nós a humildade, a paciência e a perseverança e nos ensina o quanto o nosso corpo é frágil, como também o quanto esta vida terrena é passageira. Ensina-nos a conhecer o Senhor de perto e a depender única e exclusivamente dele para suprir tanto as nossas necessidades materiais quanto as espirituais e emocionais.

Esse serviço remete-nos também ao que o sábio rei Salomão disse: "[...] tudo é vaidade" (Eclesiastes 1:2). É numa situação como essa que nos é revelada toda a nossa fragilidade, como também a do outro. Do que nos adianta o orgulho, a altivez?!

Digo isso porque vivi na prática, com meu esposo, o cuidado para com a mãe dele por quatro anos e meio, durante um tempo em que se manifestou e intensificou o Alzheimer em sua vida.

Meu esposo tinha uma única irmã que morava na Espanha e, conforme podia, nos ajudava financeiramente e presencialmente por uns três meses quando podia vir ao Brasil. Sua ajuda preciosa era nos ouvindo e orando conosco por telefone, momentos esses nos quais compartilhávamos nossas angústias, nossas vitórias, ríamos até de bobeiras etc. Mas infelizmente ela faleceu sete meses antes de minha sogra após a descoberta de um câncer muito agressivo no pulmão.

O que já não era fácil ficou mais difícil ainda, pois tivemos que enfrentar o luto e a perda de uma preciosa parceira e amiga de uma forma tão rápida. Eu e meu esposo sempre falamos que 2021 iniciou nos dando uma "grande rasteira", referindo-nos a essa perda inesperada.

Eu e meu esposo ficamos sozinhos com meu sogro e uma cuidadora que nos ajudou por um pouco de tempo, por um valor que conseguíamos pagá-la, com o valor que o esposo de minha cunhada enviou por um tempo.

O cansaço físico, emocional, espiritual e financeiro foi muito intenso, e muitas vezes eu me perguntava: "o que estou ou estamos fazendo aqui?!", "Até quando, Senhor, conseguiremos nos manter com saúde nesse processo?!" Muitas lições aprendemos nesse tempo tão doloroso tanto para nós quanto para ela, minha sogra.

Outra lição para mim: eu não era a nora que minha sogra desejava como esposa para o seu filho. Não tinha as características físicas que ela achava ideal para ele e também porque ela sempre foi muito possessiva, controladora e ciumenta em relação aos filhos e netos.

Mesmo diante de toda essa rejeição, principalmente nos anos iniciais do nosso casamento, eu não podia, como cristã e por consideração e amor ao meu esposo, deixar de servi-la nos cuidados pessoais, atenção, alimentação, médicos, remédios etc.

Não foi nada fácil, mas olho para trás com a sensação de dever cumprido. Hoje coloco minha cabeça no travesseiro sem remorso, sem culpa... Tenho a clareza de que nos limites das minhas forças, das condições emocionais, espirituais e financeiras, eu fiz a minha parte, e o meu esposo fez a parte dele como filho. Em momento algum, fomos negligentes nesse processo, procurando, dentro dos nossos limites, atendê-la, como também, ao meu sogro. O Senhor nos capacitou a colocar em prática o princípio da honra para com a sua serva, minha sogra.

Esse processo tão dolorido nos moldou de tal forma que não nos prendemos mais a um "montão" de coisas que antes faziam sentido para nós. Tudo o que tem sentido de "pequenez" temos deixado para trás, sejam sentimentos em relação aos outros, sejam atitudes etc. Deus seja louvado!

Hoje, 15 de dezembro de 2021, pela manhã, estava lendo uma parte do livro *Caminhada com propósitos para mulheres*, de Katie Brazelton. Eu me vi dentro daquele texto naquele momento, pois ela estava abordando sobre o SERVIR.

A citação a seguir é uma realidade, pois muitas vezes passei por essas interrogações durante os quatro anos e meio de cuidados para com a minha sogra, principalmente nos dois últimos anos de sua vida.

> Sei que o ato de servir outros trará a você momentos em que desejará gritar: "O que estou fazendo aqui?"; ou: "Socorro! Ajudem-me!". [...] Mas o serviço também é muito gratificante e compensador. [...] Lavar os pés uns dos outros é um pequeno propósito de cada dia.[7]

Que você possa refletir como está sendo a sua forma de "lavar os pés uns dos outros" ensinada pelo nosso mestre maior, Jesus Cristo de Nazaré.

Permita-se ser moldado(a) a cada dia como eu e meu esposo fomos e ainda continuamos sendo transformados, e como tantos outros irmãos nossos, que têm se colocado na posição de servos de um Senhor tão real e presente em nossa trajetória nesta terra. Que o Senhor o(a) abençoe!

---

[7] BRAZELTON, Katie. **Caminhada com propósitos para mulheres**. São Paulo: Editora Vida, 2006.

ORAÇÃO DO DIA:

Que o Senhor possa produzir em mim e em nós o sentimento de compaixão para com todos aqueles que necessitem de ajuda que esteja ao meu/ao nosso alcance fazer;

Que ele nos capacite com sabedoria e estratégias para exercermos o nosso ministério de servos, influenciando outros com a nossa prática. Amém.

O QUE ESSA VIVÊNCIA ME ENSINA?

VIVÊNCIA 23

A PARTIDA DE UM PRIMO

Texto Bíblico-Base: Eclesiastes 3
"[...] todos são pó e todos ao pó tornarão. [...] Assim que tenho visto que não há coisa melhor do que alegrar-se o homem nas suas obras, porque essa é a sua porção; porque quem o fará voltar para ver o que será depois dele?" (Eclesiastes 3:20b, 22).

Era início do mês de setembro de 2021, mais precisamente dia 2. Como sempre, o mês de setembro trazendo aquela perspectiva de um clima mais agradável, mais fresco, umidade do ar melhor, a primavera se aproximando. Porém não sabíamos o que esse mês significaria naquele ano.

Tenho uma prima por parte de mãe que tem um restaurante onde a comida é caseira, uma delícia!!! Ela e o esposo é que administravam esse restaurante muito aconchegante, com um toque muito especial da família deles.

O esposo dela tinha uma forma muito especial de receber cada cliente, inclusive pessoas que moravam na rua e passavam por ali para pedirem comida. Interessante é que ele se referia a essas pessoas como: "meus clientes". Era perceptível que ele sentia prazer em servir não só essas pessoas em situação de risco, mas também aquelas providas de condições econômicas. Como se alegrava com as obras de suas mãos!

Nesse período, eu e meu esposo vivíamos um tempo muito difícil, pois minha sogra estava internada no Hospital São Julião, em Campo Grande/MS, há dias, e as perspectivas não eram nada boas.

Pelo fato de o restaurante ser próximo do hospital, minha prima, ao saber sobre o que estávamos passando já há algum tempo, ligou dizendo que iam nos ofertar o almoço pelo tempo que ficássemos no hospital. Isso ocorreu por uns 15 dias. Foi uma bênção em nossas vidas esses almoços e as conversas com eles dois. Isso nos marcou pela generosidade do casal e por termos o privilégio de aproveitarmos esse tempo para revigorarmos nossas forças pelo que passávamos no momento.

Jamais passou pela nossa mente que aqueles eram os últimos dias de vida do meu primo, até porque naquela última semana havia completado apenas 57 anos.

Mas, no dia 2 de setembro, algo que mudaria a história da família de minha prima aconteceu. Fomos almoçar no horário de sempre, conversamos com os dois por um bom tempo perto do caixa onde ele atendia, brincamos, nos abraçamos... e voltamos para o hospital próximo das 14h.

No início da noite, quando saíamos do hospital, recebi uma triste notícia. Esse meu primo havia sofrido um infarto fulminante em sua casa enquanto descansava naquele final da tarde. Muitos meios, na esperança de ressuscitá-lo, foram usados por profissionais dos bombeiros e Samu (Serviço de Atendimento Móvel de Urgência), mas... todos os esforços foram em vão!

Há muito tempo não via um funeral tão tocante, tão doído por ver e sentir a dor de seus dois filhos e da esposa (tentando ser forte). São momentos como esse que nos levam a refletir sobre a finitude de nossas vidas, mostrando-nos o quanto necessitamos melhorar se assim o desejarmos para realmente termos condições de voltarmos para a Casa do Pai em dia com o Senhor aqui nesta terra. Que o Senhor nos ajude!

O que aprendemos com isso?

1. A morte é a única certeza que temos nesta vida. Ela virá para o rico e para o pobre, para o humilde e para o arrogante, para o senhor e para o seu servo, para o que tem títulos e para o analfabeto... Todos voltaremos para o pó. Portanto, podemos concluir que temos prazo de validade;

2. O meu primo se alegrava com as suas obras e conquistas. Ele foi um servo;

3. Exerceu juntamente com sua esposa a generosidade, o servir a quem quer que seja na hora da necessidade, principalmente da fome;

4. Conforme minha prima disse, sempre mantinha um recipiente no carro cheio de moedas para dar a quem lhe pedia uma "esmola" nos semáforos. Distribuiu, deu aos pobres;

5. Ele deixou um legado para sua esposa, filhos, netos, genro e nora, assim como para seus amigos, familiares e sua igreja;

6. Todos os dias, ele tirava um tempo a sós com Deus para suas leituras, devocionais e oração. Levantava às 4h da manhã para isso. Ele estava quite com Deus e com os homens;

7. Ele se preocupou em cultivar um relacionamento de pai com seus filhos e netos. Buscou corrigir algumas distâncias com a família, uma vez que o trabalho anterior lhe exigia muito estar fora de casa quando ainda não cultivava um relacionamento profundo com o Senhor;

8. Cultivou amigos e irmãos na igreja da qual fazia parte;

9. Não foi um homem perfeito, como nenhum ser humano o é, mas procurou honrar ao Senhor com sua vida e seus bens com todas as suas forças.

Que, assim como ele, estejamos preparados para quando o Senhor nos chamar. Que cumpramos os nossos propósitos e deixemos legados para nossa família, amigos, igreja e sociedade. Que Deus o(a) abençoe!

ORAÇÃO DO DIA:

Que o Senhor nos capacite a realizar obras sobre as quais possamos nos alegrar;

Que a generosidade seja natural em nossas vidas para que o nosso amor ao próximo seja uma prática diária;

Que possamos cultivar um relacionamento íntimo com o Senhor para que cada dia nos tornemos mais semelhantes a Ele;

Que estejamos prontos para o dia e hora em que o Senhor desejar nos chamar de volta para a Casa do Pai. Amém.

O QUE ESSA VIVÊNCIA ME ENSINA?

VIVÊNCIA 24

UM PÁSSARO NO POSTE – VIGILÂNCIA

Texto Bíblico-Base: I Pedro 5
"Sede sóbrios, vigiai, porque o diabo, vosso adversário, anda em derredor, bramando como leão, buscando a quem possa tragar" (I Pedro 5:8).

Eu e meu esposo morávamos em um condomínio fechado onde existiam duas fileiras de casas separadas por uma rua interna. Nessa rua, existiam os postes com lâmpadas que iluminavam todo o ambiente externo.

Numa certa madrugada, já perto do amanhecer, meu esposo acordou, foi à frente de nossa casa e viu um pássaro que todas as manhãs cantava sobre um daqueles postes. Nesse momento, ele pensou: "esse pássaro realmente está seguro!".

Engano dele, pois naquele momento o Senhor ministrou ao seu espírito que o perigo poderia vir por baixo, caso uma serpente sorrateira subisse pelo poste, ou uma ave de rapina (um gavião, por exemplo) poderia vir pelos ares e apanhá-lo.

Sabe aquele ditado: "nem tudo que parece realmente é"? Pois bem, é exatamente isso.

Embora aquele quadro lhe transmitisse uma ideia de segurança, aquele pássaro necessitava viver em alerta constante para não ser atingido por seus inimigos, tanto por baixo quanto pelos ares. Na verdade, meu esposo teve uma falsa ideia de segurança!

Quantas vezes em nossa trajetória de vida cristã fomos ou ainda somos atraídos por falsas ideias de segurança, de amores, de amizades, de lucros? Quantas circunstâncias ou pessoas atraíram o nosso coração, nossa atenção, induzindo-nos ao erro, simplesmente por confiarmos demais e não discernirmos o perigo à nossa volta?

Assim, compreendemos que, em nossa vida diária, tal qual aquele pássaro, precisamos viver em constante vigilância, pois somos rodeados tanto de inimigos terrenos quanto de inimigos invisíveis que agem nas regiões celestiais. São os nossos inimigos espirituais.

O nosso adversário espiritual não se cansa. Ele está ao nosso "derredor" reformatando as suas estratégias a cada instante com a intenção de nos derrotar, de nos fazer fracassar, roubando assim a nossa autoestima e a nossa esperança.

Precisamos buscar o conhecimento da Palavra de Deus e o dom do discernimento porque nem sempre os nossos inimigos se apresentam como tal. Muitas vezes surgem como lobos vestidos de ovelhas buscando nos aprisionar sem que percebamos. Ele é perito em perceber as nossas fragilidades e carências. Assim sendo, precisamos agir com prudência.

Portanto, todas as nossas necessidades físicas, emocionais, financeiras e espirituais devem ser conhecidas por nosso Pai Celestial por meio de Jesus Cristo, seu filho amado. Que a cada dia possamos construir um relacionamento mais profundo com o Senhor e que por meio da oração façamos conhecidas <u>todas</u> as nossas necessidades diante dele. Somente assim, usufruiremos de uma verdadeira segurança, que só o nosso Deus pode nos proporcionar. Que Deus o(a) abençoe!

ORAÇÃO DO DIA:

Que o Senhor nos dê corações e mentes vigilantes;

Que possamos a cada dia pedir a ele discernimento para que não sejamos enganados pelo inimigo de nossas almas;

Que jamais possamos ser enganados por falsa segurança e falsas promessas. Amém.

O QUE ESSA VIVÊNCIA ME ENSINA?

VIVÊNCIA 25

UMA CRIANÇA, NOSSO VIZINHO

Texto Bíblico Base: Deuteronômio 4
"Tão somente guarda-te a ti mesmo, e guarda bem a tua alma, que não de esqueças daquelas coisas que os teus olhos têm visto, e não se apartem do teu coração todos os dias da tua vida; e as farás saber a teus filhos e aos filhos de teus filhos" (Deuteronômio 4:9).

Eu e meu esposo moramos num apartamento. No bloco que faz fundo com a nossa cozinha, tem um apartamento onde vive uma criança de aproximadamente 5 a 6 anos. Essa criança é criada pelos avós, pelo pai e uma tia.

O que mais nos chama a atenção é que essa criança é quem dita as regras da casa. Constantemente a ouvimos dando ordens à avó, à tia e ao pai. Mas quando um adulto da casa diz o que ele tem que fazer, ele diz que não vai fazer ou apronta o maior "pampeiro".

Ah, nessa casa também tem um cachorro que, quando começa a latir, ninguém o corrige, o ensina. Late por horas a fio. Nada contra o animal, mas ele também pode ser ensinado, adestrado.

Mesmo sem conhecer essa família, por longa experiência na área educacional, posso afirmar que essa criança está crescendo sem a clareza de quem é, ou quem são os adultos dessa casa. Ela está assumindo o comando desse ambiente sendo que o contrário é que deveria estar acontecendo. Sinto muito, mas os adultos dessa família, principalmente o pai e os avós, estão negligenciando a educação desse menino.

Como será a trajetória pessoal e escolar desse garoto quando começar a transitar por ambientes diferentes nos quais existem regras a se cumprir? Existem adultos que estabelecerão limites, disciplina, e colegas que precisarão ser respeitados. Onde ele não será o centro das atenções. Esse garoto precisa aprender que existe não só o tempo e espaço dele, mas também o tempo e o espaço do outro. O prognóstico não é bom nem para a aprendizagem, nem para os relacionamentos dessa criança.

Educar e ensinar não é uma tarefa fácil. Exige tempo, esforço... É uma tarefa que exige repetição, correção de rotas e de comportamentos. Há a necessidade de se construir um relacionamento pautado no afeto, respeito e disciplina (limites). É nesse tempo que o caráter da criança está sendo formado.

A Bíblia é muito clara quanto à responsabilidade dos pais/responsáveis em educar os seus filhos. "E as **ensinarás** a teus filhos e delas falarás **assentado** em tua casa, e **andando** pelo caminho, e **deitando-te** e **levantando-te**" (Deuteronômio 6:7, grifo nosso).

Alguém poderá dizer: "mas, Miriam, nesse texto Deus está falando das Leis Espirituais, dos Dez Mandamentos". Sim, mas esse conselho se aplica a todas as áreas de nossas vidas, pois diz respeito ao ensino, ao educar. Veja o que o Estatuto da Criança e do Adolescente diz. Observe as cinco palavras em negrito:

> A criança e o adolescente gozam de todos os direitos fundamentais inerentes à pessoa humana, sem prejuízo da proteção integral de que trata esta Lei, assegurando-se-lhes, por lei ou por outros meios, todas as oportunidades e facilidades, a fim de lhes facultar o desenvolvimento **físico, mental, moral, espiritual e social**, em condições de liberdade e de dignidade.[8]

Quanta responsabilidade recai sobre os pais/responsáveis em relação à educação dos filhos, dos netos. Hoje o que estamos colhendo em nossa sociedade, sem sombra de dúvidas, é fruto de uma educação familiar que ficou e tem ficado a desejar. Os pais perderam o controle educacional de seus filhos no lar, muitas vezes por desejarem educar seus filhos de forma diferente do que foram educados, mas sem nenhum padrão a ser seguido.

---

[8] BRASIL, Lei nº 8069, de 13 de julho de 1990. Estabelece o Estatuto da Criança e do Adolescente (ECA). **Diário Oficial da União**, Brasília, DF, 1996, Título I, art. 3º, p. 7. Grifo nosso.

Uma amiga, psicóloga clínica e pedagoga sempre diz: "a fruta não cai longe do pé". Ou seja, não adianta você como pai, mãe ou responsável imputar a outros a má educação de seus filhos. Quanto à educação de seus dependentes, não diz respeito ao outro, mas sim a você e à sua família. Se você o ensinar e o amar desde o ventre, com certeza aprenderá a fazer as melhores escolhas em qualquer lugar por onde passar, pois "até quando envelhecer, não se desviará dele" (Provérbios 22:6b). Você consegue perceber que é uma promessa?!

Outro aspecto muito importante: não terceirize a educação de seus filhos. Os avós, a escola, os explicadores/professores de reforço, a creche, a escola integral... Nenhum desses substituirá o que você é responsável por transmitir. Todos eles têm a função de suporte, complemento educacional, mas a essência da educação e afeto de seus filhos diz respeito a você, pai e mãe/responsável. Aqui não excluo as exceções, pois a vida nem sempre é linear, perfeita.

Desejo que a realidade dessa criança que usei como exemplo não seja a sua realidade como pai, mãe/responsável. E, se for, desafio você a fazer uma autoanálise, buscar ajuda em Deus, em profissionais técnicos, e a promover uma mudança de rota, de ações em sua casa, para que seus filhos/dependentes cresçam em "sabedoria, estatura e em graça para com Deus e os homens" (Lucas 2:52). Desejo que o relacionamento em seu lar seja saudável. Que Deus o(a) abençoe!

ORAÇÃO DO DIA:

Que o Senhor nos dê coragem e sabedoria para assumirmos a responsabilidade educacional de nossos filhos, no lar;

Que sejamos íntegros a fim de que jamais responsabilizemos os filhos dos outros ou outras famílias pela nossa irresponsabilidade quanto à não educação dos nossos filhos em nossos lares;

Que tenhamos a humildade de admitirmos que precisamos da ajuda de outros profissionais e para fazermos correções de rotas e comportamentos em nossas famílias, nossas casas. Amém.

O QUE ESSA VIVÊNCIA ME ENSINA?

VIVÊNCIA 26

FILHOS COMO HERANÇA DO SENHOR: PRIVILÉGIOS X RESPONSABILIDADES

Texto Bíblico-Base: Salmo 127
"Eis que os filhos são herança da parte do Senhor, e o fruto do ventre o seu galardão" (Salmo 127:3).

Criar filhos em pleno século 21, com certeza, não tem sido tarefa fácil, principalmente diante de tantas mudanças em nossa sociedade, na qual desafios políticos, econômicos e sociais são impostos a todos os cidadãos brasileiros diariamente. Imagine educá-los segundo os princípios defendidos em cada grupo familiar?! Sem contar a insegurança em todos os sentidos, na qual vivemos.

Hoje quero pensar com você sobre o texto bíblico acima, que muito me chama a atenção, uma vez que se trata sobre a responsabilidade que os pais/responsáveis têm sobre a educação de seus filhos/dependentes.

Vamos começar pensando sobre o vocábulo herança, cuja origem está no latim *haerentia*, e o compreendemos como legado, patrimônio deixado por alguém a favor de outro ou outros.

Interessante pensar que esse legado vem acompanhado não só de direitos, mas de deveres também. Entre os deveres, podemos destacar a dívida (compromissos) feita por quem deixou a herança e, principalmente, a responsabilidade da boa administração para que o patrimônio se mantenha ou aumente em valor.

Pensando em relação aos filhos, estes nos são confiados como um patrimônio, a ser bem administrado, ensinado, cuidado... E a nossa dívida (compromisso) é em relação a quem nos fez a doação, o próprio Deus.

Inclusive esse dever é reafirmado em nossa Constituição Brasileira promulgada em 1988, onde no Capítulo VII, na primeira parte do artigo 229, diz o seguinte: "Os pais têm o dever de assistir, criar e educar os filhos menores [...]". Quanta responsabilidade!!!

Outro aspecto importante a se pensar é que o texto bíblico acima não finaliza só com os deveres; ele nos aponta que, embora haja responsabilidades, existem as recompensas, ou seja, o galardão: "[...] e o fruto do ventre o seu galardão".

Assim, compreendemos que filhos/dependentes criados com uma boa educação, boa orientação que abranja os aspectos físico, emocional e espiritual, com certeza terão uma trajetória pessoal e profissional bem-sucedida proporcionando à família a sensação de dever cumprido. A satisfação, a alegria e o contentamento em família serão a colheita do que se semeou sobre a vida dos filhos/dependentes. Essa é a recompensa, o galardão.

Sou grata a Deus pelo privilégio de ter os pais que ele me concedeu. Isso não significa que foram perfeitos em todas as suas ações. Claro, quem não comete seus erros?!

Mas o principal é que criaram a mim e a meus irmãos segundo os princípios e valores bíblicos, ensinando-nos que devemos ter o Senhor e a sua Palavra como nosso bem maior.

Desde cedo, eles nos mostraram, na prática, o valor do trabalho, da responsabilidade, do levantar cedo para produzir, da generosidade, do cuidado que devemos ter com os pais e avós. A disciplina sempre fez parte de nossa vida familiar. Sou grata a Deus e a meus pais por ter sido educada dentro desses princípios. Recordo-me de dizerem sempre: "a herança que podemos deixar para vocês é o estudo. Então estudem e se esforcem".

E, pasmem, meu pai estudou até o quarto ano e minha mãe fez só o antigo Movimento Brasileiro de Alfabetização (Mobral) anos mais tarde, porque seus pais moravam em lugares em que não havia escola, e naquele tempo a prioridade dos estudos era para os homens. Mesmo assim, conseguiram nos incentivar e nos acompanhar nos estudos. Cada filho(a) fez suas escolhas: uns estudaram mais; outros optaram por finalizar apenas o ensino médio. Enfim, a parte deles, eles fizeram.

Meu pai voltou para a Casa do Pai (*in memoriam*) aos 83 anos, e hoje, 24 de dezembro de 2021, temos o privilégio de ter nossa mãe conosco, com lucidez e saúde aos 99 anos e três meses, e até a presente data tem nos ensinado lições preciosas. Uma autêntica serva de Deus!

No limite de suas condições econômicas, culturais e sociais, os dois administraram a herança que o Senhor delegou a eles: os filhos. E hoje, nós, filhos, genros, noras, netos e bisnetos, procuramos proporcionar à nossa mãe o que está ao nosso alcance para que os seus dias que restam conosco sejam os mais saudáveis possíveis. Reflita sobre isso. Administre com sabedoria a sua herança. Que Deus o(a) abençoe!

ORAÇÃO DO DIA:

Que o Senhor nos dê corações sábios para administrar a herança que ele colocou em nossas mãos, os filhos;

Que possamos educá-los não só com conselhos, palavras, mas, principalmente, com a nossa prática;

Que possamos conduzi-los ao caminho do Senhor ensinando-os a amar a Deus e a sua Palavra. Amém.

O QUE ESSA VIVÊNCIA ME ENSINA?

VIVÊNCIA 27

DOIS EXTREMOS: A AUTOCONFIANÇA E A INSEGURANÇA

Texto Bíblico-Base: Jeremias 48 e Salmo 118
"Assim diz o Senhor: maldito o homem que confia no homem [...]" (Jeremias 48:10).
"O Senhor está comigo; não temerei o que me pode fazer o homem" (Salmo 118:6).

Todos os extremos são perigosos. Por isso, sempre somos instigados pela Palavra do Senhor a buscar uma vida de equilíbrio, de segurança, que só o Senhor pode nos proporcionar.

É claro que na teoria é fácil falarmos de equilíbrio, mas vivenciá-lo na prática é uma questão de muito exercício e confiança em Deus, que nos promete estar conosco todos os dias de nossas vidas. Desprendermo-nos da ansiedade diária é um exercício que também faz parte do equilíbrio tão necessário a todo ser humano.

Ainda nesse sentido, sempre observamos os profissionais da área psicológica orientando-nos a evitar tomar decisões importantes na nossa vida pessoal quando estamos muito abalados emocionalmente ou quando nos encontramos muito alegres, felizes etc. Ou seja, para qualquer tomada de decisão importante em nossa vida, é necessário nos encontrarmos num ponto de equilíbrio ou, pelo menos, próximo dele.

Observe que tanto a Bíblia quanto os profissionais psicólogos nos direcionam a uma busca pelo equilíbrio.

Por que digo isso?

Porque diariamente observamos, de nossa residência, dois extremos: autoconfiança e insegurança em excesso.

Do nosso apartamento, todos os dias, a atitude de dois vizinhos nos chamam a atenção. Uma mora numa esquina, e o outro, na outra esquina da quadra. São duas senhoras viúvas (irmãs) e um moço casado, relativamente novo.

As senhoras são tão autoconfiantes que deixam os portões semiabertos ou abertos por longos períodos mesmo não estando à frente da casa; e, mesmo que estivessem, na atualidade é muito perigoso, pois vivenciamos dias de muita insegurança.

Elas são daquele tempo em que ainda saem e colocam as chaves da casa num local onde a outra, ao chegar à casa, consegue pegar as chaves para abrir o portão e a casa. Isso tudo podemos ver da janela de nosso apartamento.

A impressão que temos é que elas acham que ainda vivemos na década de 70 ou 80, quando ainda podíamos gozar de um pouco mais de segurança, de menos maldade explícita do ser humano. Podemos concluir que essas duas senhoras têm uma autoconfiança acima do que seria normal para a época na qual vivemos. Talvez seja porque as duas são muito religiosas e possuem uma fé no sentido de que Deus as livrará de todo perigo.

Sim, o Senhor promete em sua Palavra nos guardar de todo o mal, do perigo e dos nossos inimigos carnais e espirituais, mas vigiar é uma das palavras que mais aparecem na Bíblia. Com isso, entendo que Deus promete fazer a parte dele, mas nós precisamos fazer a nossa parte. Devemos levar uma vida de equilíbrio e vigilância.

Em contrapartida, o vizinho da outra esquina tem uma casa aparentemente segura; muros altos, grades, cerca elétrica e concertina.

Ao sair de casa, solta no quintal uma cadela grande, branca e brava que eles têm. Fecha o portão de entrada e confere duas vezes se o portão está fechado. Vai até a esquina, olha para todos os lados, volta e confere novamente se o portão está bem fechado. Coloca o capacete, sobe em sua moto, dá uma ré e novamente confere se o portão está bem fechado. Daí sai devagarinho e vai embora. Ah, esse moço não é tão religioso quanto as duas senhoras.

Quanto extremo nas atitudes desses vizinhos nossos!!! De um lado, excesso de autoconfiança; e, do outro, excesso de insegurança. Tanto um quanto o outro necessitam encontrar um ponto de equilíbrio em suas ações diárias quanto à segurança de suas casas, de suas vidas.

Daí a importância de não só conhecermos o que a Bíblia nos ensina, mas de a colocarmos em prática por meio da vigilância e, se necessário, buscarmos ajuda de pessoas de nossa confiança, de líderes religiosos, de profissionais técnicos (psicólogos) para vencermos os nossos medos ou os nossos excessos de confiança. Uma boa pitada de medo e de autoconfiança é saudável em nossa vida, mas jamais os excessos. Que Deus o(a) abençoe!

ORAÇÃO DO DIA:

Que o Senhor nos capacite a viver uma vida de equilíbrio;

Que ele nos ajude a vencer dia após dia os nossos medos e as nossas inseguranças, livrando-nos de todo excesso em todas as áreas de nossas vidas;

Que a autoconfiança faça parte de nossa vida diária, mas que nunca sejamos colocados frente ao perigo por falta de equilíbrio;

Que o Senhor nos ajude a vencer a nós mesmos para buscarmos ajuda profissional se assim for necessário. Amém.

O QUE ESSA VIVÊNCIA ME ENSINA?

VIVÊNCIA 28

O SENHOR CUIDA DE NÓS

Texto Bíblico-Base: Salmo 121
"O Senhor é quem te guarda; o Senhor é a tua sombra à tua direita [...] o Senhor te guardará de todo o mal; [...] o Senhor guardará a tua entrada e a tua saída, desde agora e para sempre"
(Salmo 121:5,7 e 8).

Era uma tarde de final de expediente no colégio em que eu trabalhava, e naquele tempo eu estava sem carro. Normalmente colegas de trabalho me davam carona, pois vários deles passavam próximo ou em frente ao apartamento onde morávamos.

Nesse dia, quem me deu uma carona foi uma professora de Língua Portuguesa, amiga e irmã em Cristo, que fazia parte do grupo de louvor de uma influente igreja batista em nossa cidade, Campo Grande/MS.

Vínhamos conversando normalmente, como sempre. O caminho até a minha casa não era tão distante, e a minha colega costumava passar pela avenida onde eu morava.

Naquele dia, assim que ela entrou numa avenida movimentada, Av. Tamandaré, passamos por uma carreta grande que estava estacionada à nossa direita. O produto que esta carregava eram grandes barras de ferro em forma de tubo. Estava completamente carregada.

Assim que passamos pela carroceria dessa carreta, escutamos um grande barulho, e ela me disse: "Miriam do céu, que livramento!".

Pelo retrovisor, ela viu várias barras de ferro caindo. Imediatamente virei para trás e pude confirmar como o Senhor tinha sido bom para conosco naquele momento, pois somente uma barra daquelas seria o suficiente para interromper as nossas vidas ou deixar-nos com sequelas irreversíveis. Livramento puro. Ainda bem que nenhum carro e nenhuma pessoa foram atingidos.

Aquele foi mais um daqueles dias em que chegamos à casa dando glórias a Deus pela bondade e misericórdia do Senhor para com as nossas vidas. Contemplamos ao vivo e a cores a seguinte palavra: "[...] o Senhor guardará a tua entrada e a tua saída, desde agora e para sempre" (v. 8). Fomos e voltamos para o nosso trabalho guardadas pelo Senhor.

Essa experiência me remete a uma outra semelhante vivenciada uns anos atrás por minha única cunhada, irmã de meu esposo, a Eliane (*in memoriam*).

Era um sábado à tarde, e ela foi levar suas duas filhas adolescentes a uma atividade numa igreja batista, aqui em nossa cidade.

Na volta, ao passar por uma grande carreta-cegonha que se encontrava estacionada ao lado de um hotel, na mesma rua da igreja, um carro caiu de cima daquela carreta. Foi só o tempo de ela passar e contemplar o livramento que Deus lhe proporcionou!

Quanta semelhança nos acontecimentos! Tanto nós quanto ela ficamos com nossas pernas "trêmulas". Nosso corpo ficou agitado de ver como o perigo nos rodeou tão de perto!

Nossas vidas, nas duas experiências expostas aqui, foram escondidas do nosso inimigo espiritual e o bem material, o carro, de minha irmã em Cristo e da minha cunhada foram preservados pelo Senhor. Vimos mais uma vez o cumprimento desta palavra: "[...] o Senhor te guardará de todo o mal [...]" (v.7).

Por meio desses dois episódios, aprendo que precisamos pedir ao Senhor todos os tipos de livramentos ao sairmos de nossas casas, principalmente hoje, quando o inimigo de nossas almas tem ampliado o uso de ferramentas (pessoas e circunstâncias) para atingir aqueles que confessam seguir a Cristo como Senhor e Salvador. Que Deus o(a) abençoe!

ORAÇÃO DO DIA:

Que a nossa vida a cada dia esteja no centro da vontade de Deus;

Que o temor a Ele e à sua Palavra seja como um pão diário em nosso caminhar;

Que os anjos do Senhor acampem ao nosso redor proporcionando-nos todos os tipos de livramentos, visíveis e invisíveis;

Que sejamos sempre gratos ao Senhor por todos os benefícios que nos tem feito. Amém.

O QUE ESSA VIVÊNCIA ME ENSINA?

VIVÊNCIA 29

QUANDO O SENHOR PROMETE, ELE CUMPRE

Texto Bíblico-Base: Números 23
"Deus não é homem, para que minta; nem filho do homem, para que se arrependa; porventura diria ele, e não o faria? Ou falaria, e não confirmaria?" (Números 23:19).

Na vivência de número 12 – "Saindo da zona de conforto", compartilhei um acontecimento no meu setor de trabalho que, no princípio, foi algo muito estressante e desmotivador. Eu só não sabia que era uma situação que me levaria a uma tomada de decisão que mudaria por completo a minha carreira profissional, ou seja, voltaria para a academia cursando assim um mestrado e um doutorado em Educação pela Universidade Federal de Mato Grosso do Sul (UFMS).

Mas por que voltei a esse assunto?!

Lá eu compartilhei que havia conseguido ser selecionada como aluna especial do mestrado em Educação para cursar uma disciplina. Mesmo sendo aprovada ao final da disciplina, isso não me garantiria uma vaga como aluna regular do curso no semestre seguinte. Para tanto, eu precisaria que meu projeto fosse aprovado; em segundo lugar, teria que ser aprovada numa prova escrita; e, por último, ser aprovada por uma banca que me entrevistaria. Quem já passou por esse processo sabe que não é nada fácil.

Mas quando Deus está no controle de nossas vidas, Ele nos capacita e usa os meios dele para nos conduzir ao seu propósito.

Não sei se você acredita ou não, mas um belo dia uma prima do meu esposo, ao orar por mim, disse-me o seguinte: "Miriam, eu não sei do que se trata, mas um dia Deus lhe mostrará o que significa esta visão que tive ao orar por você. Eu via você sentada juntamente com um grupo pequeno em semicírculo. As cadeiras eram azuis almofadadas e em dado momento a sua cadeira se elevava. Guarda a visão".

Como sempre fiz, guardei a visão em meu coração. Essa palavra foi dita a mim no final do primeiro semestre de 2008. As aulas como aluna especial iniciariam em agosto de 2008.

Qual não foi a minha surpresa no primeiro dia de aula! Era o primeiro período de aula, dois professores estavam se apresentando e explicando como seria o cronograma de suas aulas. De repente, olhei para os lados e a visão daquela irmã saltou à minha memória: todas as cadeiras onde estávamos sentados, os 17 alunos, eram azuis e almofadadas. E o formato em que estávamos sentados era em semicírculo.

Precisamos aprender a estar atentos, a vigiar... Precisamos aprender a ler os sinais que o Senhor nos dá para que não percamos as bênçãos e os livramentos que Ele tem para nossas vidas e nossas famílias. A desatenção às questões espirituais pode nos roubar o melhor que Deus tem para nós desviando-nos de seus propósitos.

Naquele momento, eu, literalmente, viajei em meus pensamentos. Não sabia como, mas uma convicção inundou o meu coração trazendo-me a certeza de que ao final do semestre eu passaria na seleção para aluna regular. Sabia que não seria nada fácil, afinal já fazia um bom tempo que eu tinha cursado duas especializações, e o mestrado é uma experiência totalmente diferente; requer muita dedicação, leitura aprofundada, posicionamento, pesquisa e produção.

Durante o semestre, tudo transcorreu como o esperado: muito trabalho, muito cansaço, muitas cobranças, pois precisava conciliar o curso, meu serviço e a vida pessoal.

Chegou o tempo da seleção. Fiz a minha inscrição, e a cada etapa o Senhor foi me dando vitória. Enfim, aluna regular do curso de mestrado em Educação para o ano de 2009.

Mais uma vez, o Senhor provou a sua fidelidade para comigo! Assim aprendo que Deus usa pessoas e circunstâncias para nos mostrar a sua vontade, e, quando Ele realmente promete, pode passar o tempo que for, a promessa se concretiza se nos mantivermos em obediência à sua vontade.

Jamais devemos comparar Deus e sua palavra aos homens. O homem é falho, arrepende-se facilmente em relação ao que nos promete. Este pode nos enganar, mentir... mas o Senhor é fiel à sua promessa sempre; Ele não pode negar-se a si mesmo. Que possamos a cada dia buscar ser mais íntimos do Senhor e de sua Palavra. Que Deus o(a) abençoe!

ORAÇÃO DO DIA:

Que o Senhor nos capacite a discernir quando é Ele que está a nos falar, a nos prometer e a nos orientar nas mais diversas questões de nossa vida;

Que estejamos atentos aos sinais que ele nos mostra para que não sejamos privados de seus benefícios e livramentos;

Que não nos acovardemos diante dos desafios que se apresentam à nossa frente quando estamos na direção de nossas bênçãos. Nada vem de graça. Amém.

O QUE ESSA VIVÊNCIA ME ENSINA?

VIVÊNCIA 30

UMA CIRURGIA INESPERADA

Texto Bíblico-Base: Salmo 30
"Senhor meu Deus, clamei a ti, e tu me saraste" (Salmo 30:2).

Era uma quarta-feira à tarde, eu vinha descendo umas escadarias, após uma reunião semanal, no auditório do Colégio Militar de Campo Grande (CMCG), onde, naquela época, eu trabalhava como orientadora educacional. Senti uma dor estranha seguida de arrepios e calafrios. Essa sensação estranha vinha e passava.

Logo chegou o final do expediente, fui para casa, tomei dipirona e, após o banho, deitei, vindo a melhorar.

Não imaginava que ali iniciava um processo de muitas dores que me levariam a uma cirurgia inesperada. Nunca havia passado por um procedimento cirúrgico em minha vida.

Foram quatro idas à emergência de um hospital em que tínhamos plano de saúde, pois todas as madrugadas a dor apertava, não conseguindo dormir de tanta dor. Só conseguia me alimentar com um pouco de arroz branco. Até o cheiro do café me fazia mal.

Nas três primeiras idas ao hospital, os médicos me diziam que era gastrite, e com isso fui me embebedando de dipirona. Quando saíamos de casa para irmos ao hospital pela quarta vez, num sábado à noite, meu esposo disse: "Miriam, hoje precisamos de uma solução do Senhor. Vamos orar sobre o assunto antes de sairmos". Assim o fizemos.

Naquela madrugada, quem estava de plantão era uma médica que atendia no meu trabalho. Fez-me várias perguntas, medicou-me e disse: "Miriam, daqui a pouco chega uma médica mais experiente e vou discutir o seu caso com ela".

Não demorou, as duas médicas voltaram onde eu estava e me disseram que eu deveria aguardar um médico cirurgião que viria para avaliar o meu caso. Só iria demorar, pois já era madrugada de domingo.

Assim foi. Por volta de 10h da manhã, chega um médico de estatura mediana. Ele foi direto ao assunto, fazendo-me perguntas, examinou-me e me disse: "Seu problema é na vesícula. Deve estar cheia de pedras e inflamada. Vamos ter que operar. Vou lhe dar um remédio e, amanhã bem cedo, você volta aqui para fazer um ultrassom, e peça o resultado para 13h ao médico que realizar o exame. E leva ao centro cirúrgico para que eu possa avaliar. Ah, já traga seus pertences, pois vou interná-la para a cirurgia".

Essa conversa foi em questão de minutos, e ele estava certíssimo. Internei-me na segunda-feira, operei só na quarta-feira, pois precisei tomar anti-inflamatórios e antibióticos; a inflamação era aguda e a quantidade de pedras também.

Lembro-me de lhe fazer uma pergunta: "Doutor, opero na quarta-feira. Quando terei alta?". Ele respondeu: "Se tudo correr bem, no outro dia você vai para casa, mas se tivermos problemas eu não sei o que pode acontecer".

A cirurgia por vídeo, "aquela dos furinhos" rsrsrs, foi um sucesso! Médico excelente!

Na quinta-feira pela manhã, véspera da páscoa, voltei para casa. Daí só os cuidados durante o processo de recuperação.

Na biópsia que foi feita, o resultado foi o seguinte: "inflamação agudíssima".

Que livramento Deus me deu! Se a vesícula estourasse, só um milagre para me manter viva e com a saúde que tenho hoje. Como Deus é maravilhoso! Ele prepara pessoas, lugares e momentos adequados para nos abençoar, sabe de todos os detalhes de que necessitamos. Ele preparou o plantão da médica que me conhecia, de sua colega mais experiente e do cirurgião que veio me avaliar. Que profissionais competentes e humanos! A bondade do Senhor não tem fim.

Louvo a Deus pelo discernimento do meu esposo ao orarmos antes de sairmos para o hospital; pela postura das duas médicas que me atenderam na emergência naquela noite; e, principalmente, pela eficiência do médico cirurgião. Aprendo que em tudo Deus nos ensina.

Como é importante sermos profissionais humanos, atenciosos e eficientes no que fazemos. Esses três médicos que me atenderam no último dia em que fui ao hospital foram eficientes em tudo. Se não fosse essa atitude deles, de excelência, não sei o que poderia ter me acontecido. Que Deus o(a) abençoe!

ORAÇÃO DO DIA:

Que o Senhor abra o nosso entendimento para que aprendamos a ler os sinais que Ele nos dá;

Que sejamos profissionais servos, humanos e eficientes em tudo o que fizermos.

O QUE ESSA VIVÊNCIA ME ENSINA?

VIVÊNCIA 31

UMA DECLARAÇÃO, UM MILAGRE

Texto Bíblico-Base: Marcos 10
"Jesus, porém, olhando para eles, disse: Para os homens, é impossível, mas não para Deus, porque para Deus todas as coisas são possíveis" (Marcos 10:27).

O ano era 2009, e meu pai já sentia, em seu corpo, os efeitos destruidores da doença denominada de "diabetes".

Numa tarde de sábado, no primeiro semestre daquele ano, a esposa e a filha de um pastor, grande amigo de nossa família, vieram visitá-lo. Esse amigo naquele tempo já havia falecido. Foi uma ótima tarde de conversas e recordações regadas a café, bolo, biscoitos e boas risadas.

Jamais imaginávamos que todas aquelas maravilhosas lembranças do tempo em que o amigo dele pastoreava uma igreja numa região de muitas fazendas, inclusive a de meus pais, poderiam desestabilizar muito as emoções de meu pai.

Assim que as irmãs se despediram de nós, eu as acompanhei até a frente da casa de meus pais. Em seguida, minhas irmãs me chamaram dizendo que o nosso pai (*in memoriam*) estava passando mal. Chamamos o Serviço de Atendimento Móvel de Urgência (Samu) e o levamos para um hospital próximo.

A notícia médica caiu como uma bomba sobre nossas cabeças. Meu pai foi acometido de um Acidente Vascular Cerebral (AVC), comprometendo assim todo o seu lado esquerdo, inclusive a sua fala. Tornou-se difícil compreender o que ele falava, não conseguia mais andar.

Depois de um tempo hospitalizado, voltou para casa com uma sonda *nasogástrica* e completamente impossibilitado de caminhar e se comunicar adequadamente conosco. O nosso dia a dia em relação ao seu cuidado tornou-se muito estressante e preocupante, pois tudo era novo para nós. Seu estado exigia uma atenção constante.

Com o passar dos dias, fomos nos adaptando. Uma fonoaudióloga e uma fisioterapeuta fizeram dez sessões de atendimento cada. Meu pai foi evoluindo muito rápido. A boca voltou ao normal e foi recuperando a fala; voltou a ler (um de seus hábitos favoritos) e sempre que falava conosco fazia a seguinte afirmação: "Eu vou voltar a andar". Concordávamos com ele, afinal todos nós críamos e cremos no poder de Deus e no poder de nossas palavras.

Certa noite, eu particularmente vivi uma experiência com ele que eliminou por completo da minha mente qualquer possibilidade de dúvidas em relação ao que ele declarava.

Uma irmã de minha mãe chamada Clotildes (tia Tide, para os íntimos — *in memoriam*), uma serva de Deus já idosa, intercessora fiel, foi passar uns dois dias conosco. À noite, antes de ele dormir, ela me chamou, chamou minha mãe e disse: "Miriam, enquanto eu leio um Salmo (não me recordo qual agora), você vai ungindo a perna de seu pai, e depois oramos". Assim o fiz. E qual não foi a minha surpresa, enquanto eu ungia toda a perna dele, os nervos começaram a se mexer; quanto mais eu passava a mão, mais eles se movimentavam. Eu comentei com eles o que acontecera, e ele, chorando, me disse: "eu já falei que vou voltar a andar".

Daquele dia em diante, ele só foi se fortalecendo e voltou a andar, quase que na total normalidade. Tinha apenas pequenos desequilíbrios. Sua fala, seu braço, mão e perna (esquerdos) não ficaram deformados como quando saiu do hospital. Aleluia!!!

Três meses depois, quando eu e uma de minhas irmãs o levamos ao retorno médico para que o neurologista que o acompanhava o examinasse, este lhe disse: "Seu Lydio, o senhor é para mim um milagre. Eu não esperava que se recuperasse assim. O seu estado não era bom". Naquele momento, ele disse ao médico que primeiro foi Deus em sua vida, as orações e depois a sua determinação, a confissão diária e a sua fé.

Que lição fantástica!!! Eu jamais vou me esquecer dessa experiência. Cada vez que enfrento algum tempo difícil em minha caminhada, recordo-me desse e de tantos outros feitos que o Senhor já realizou em nossas vidas. Como o Senhor é bom!

Deus, ao contemplar um coração quebrantado e temente a ele, não leva em consideração os seus dias de desobediência e erro. Ele simplesmente faz o que Ele quer, quando Ele quer e da maneira que Ele quer para a glória dele. É como afirma o Apóstolo Paulo na Carta aos Romanos, capítulo 11, versículo 36: "Porque dele e por ele, e para ele, são todas as coisas; glória, pois, a ele eternamente. Amém". Aleluia!

Por uns três anos, mais ou menos, meu pai manteve certo equilíbrio na saúde, pois o seu maior inimigo era o diabetes. O Senhor o levou para si no ano de 2017.

Isso nos ensina que quando depositamos nossas deficiências, sejam elas físicas, emocionais, financeiras ou espirituais, nas mãos de Deus e confessamos a nossa convicção a respeito do que desejamos, Deus, em sua infinita bondade e fidelidade, materializa os nossos desejos, sonhos e suprimentos em todas as áreas de nossas vidas. Que Deus o(a) abençoe!

ORAÇÃO DO DIA:

Que o Senhor nos dê uma mente e um coração totalmente confiantes em sua bondade, fidelidade e misericórdia;

Que possamos crer a cada dia que o Senhor ainda realiza milagres;

Que entendamos que Deus usa os seus instrumentos — pessoas, profissionais e medicamentos — para nos proporcionar uma vida mais saudável. Amém.

O QUE ESSA VIVÊNCIA ME ENSINA?

VIVÊNCIA 32

A CONVICÇÃO DE UMA MULHER DE DEUS

Texto Bíblico-Base: Hebreus 11
"Ora, a fé é o firme fundamento das coisas que se esperam, e a prova das coisas que não se vêem" (Hebreus 11:1).

Desejo aqui compartilhar uma experiência vivenciada pela mulher mais fantástica que já conheci na minha vida: a minha mãe, Olívia.

O Senhor nos concedeu o privilégio de, no dia 25 de setembro de 2022, comemorarmos os seus cem anos, um século de vida. Uma autêntica serva de Deus que, ainda hoje, nos ensina com suas histórias, seus "ditados" e suas respostas certeiras quando conversamos ou a provocamos rsrsrsrs.

Minha mãe, como também seus irmãos, foram criados na zona rural. Com o seu primeiro casamento, adquiriu uma fazenda. Depois de alguns anos, ao ficar viúva, casou-se novamente; dessa vez com meu pai, que continuou a trabalhar com ela nessa mesma fazenda. Ao todo, foi mãe de dez filhos, sendo que dois morreram na infância (do primeiro casamento) e um, quando adolescente, num acidente (do segundo casamento).

Só até aqui podemos contabilizar algumas das perdas significativas, principalmente para uma mulher, uma mãe. Claro que, ao longo de sua vida, ultrapassou vários outros obstáculos.

Hoje, quando penso na trajetória de nossa mãe, é notório que ela estabeleceu em sua mente que nem perdas, nem decepções/frustrações iriam impedi-la de caminhar e manter sua família unida, ainda que cada um tenha sua forma de pensar e agir.

Como exemplo desse estabelecimento de objetivo, ela sempre disse: "A mamãe sempre foi muito brava. Brigava com o papai, com os filhos, nada estava bom. E eu coloquei na minha cabeça que o dia em que eu me casasse e tivesse filhos, faria tudo diferente". E como fez e ainda faz diferente!

Ensinou-nos desde cedo, com disciplina, o valor do trabalho, da responsabilidade, da organização e qual é o valor do estudo, embora nunca tenha frequentado uma escola quando criança, adolescente e jovem. Mostrou-nos, na prática, que se cairmos, temos que nos levantar e começar de novo; se enfrentarmos problemas, perdas, decepções, devemos levantar e cabeça, sacudir a poeira e seguir em frente certos de que Deus a seu tempo tudo coloca no seu devido lugar. Discussão?!!! Para quê?! O silêncio é a melhor resposta e o melhor remédio para muitos problemas, muitos males.

Mas qual é a principal lição de hoje?

Minha mãe sempre foi uma exímia produtora de queijos e requeijões. Tanto que eu, até meus 11 anos, fui sua principal vendedora desses produtos na cidade de Rio Negro/MS. Sempre tinha encomendas, nunca voltava para casa sem vender todos os seus queijos e requeijões. Uma delícia, diga-se de passagem. Todos que tiveram o privilégio de experimentá-los confirmam essa afirmação.

Então, ela sempre nos conta que um dia estava na fazenda somente com um primo nosso, chamado Luís (um adolescente). Existiam muitos queijos prontos naquele dia, e, se demorasse, alguns poderiam passar do ponto de venda, ou seja, ficariam mais difíceis de serem vendidos.

Daí ela disse ao nosso primo: "Luís, hoje Deus vai mandar um comprador para os meus queijos". E o Luís riu bastante e falou: "Onde, tia? Tem passado pouca gente por aqui". E ela insistiu com ele: "Você vai ver".

Não demorou muitas horas, ela escutou o barulho de um carro e disse, novamente, ao Luís: "Lá vem meu comprador de queijos". E mais uma vez o Luís tirou sarro nela.

Para surpresa do Luís, e por que não dela também, era o comprador dos queijos. Aquele homem parou em sua casa e ela ofereceu os queijos. Ele comprou todos, inclusive o que ela havia acabado de produzir!

Que lição de fé na provisão do Deus a quem ela servia e serve, Jeová Jireh — Deus Provedor!

Só é possível uma convicção como essa quando mantemos um relacionamento de intimidade com o Senhor que nos chamou para vivermos experiências profundas com ele.

Precisamos buscar uma vivência "prática" do evangelho que conhecemos. De algumas décadas para cá, temos observado um evangelho muito teórico, focado "no aqui", "no agora", na prosperidade individual. O céu, a eternidade, a prática do evangelho tornaram-se algo obsoleto, em segundo plano. Que o Senhor nos ajude a fazer um caminho de volta, a cada dia, para experimentarmos a essência desse evangelho que nos proporciona vivências de suas provisões e milagres em todas as áreas de nossas vidas. Que Deus o(a) abençoe!

ORAÇÃO DO DIA:

Que o Senhor nos dê um coração tão confiante quanto o de dona Olívia;

Que possamos crer que, independentemente das circunstâncias e do lugar onde estejamos, ele é a nossa provisão;

Que o Senhor nos capacite a cada dia a viver a essência do evangelho, a fé em Jesus Cristo, o filho de Deus. Amém.

O QUE ESSA VIVÊNCIA ME ENSINA?

VIVÊNCIA 33

UMA PALAVRA DE RESTITUIÇÃO

Texto Bíblico-Base: Lamentações 3
"Quero trazer à memória o que me pode dar esperança [...] Bom é o Senhor para os que esperam por ele, para a alma que o busca" (Lamentações 3:21 e 25).

Por conta da sociedade malsucedida a que me referi na experiência 2, perdi o meu primeiro carro para um pastor batista, "conhecido meu", que havia me emprestado um certo valor, pois ele emprestava dinheiro a juros.

Por eu não conseguir cumprir todos os pagamentos no tempo combinado, esse moço levou-me à justiça e, além de eu lhe pagar todos os juros possíveis embutidos, tive que arcar com as despesas advocatícias do processo.

Eu me encontrava tão abalada emocionalmente pelo fracasso da empresa (escola) que sequer questionei os valores. Minha postura, hoje, seria bem diferente. No dia combinado, entreguei o carro num escritório indicado por ele; era véspera de carnaval de 1995. Como foi difícil voltar para casa naquele dia! Que sentimento de fracasso, de derrota! Era o meu primeiro carro.

Mas, naquela noite, já quase madrugada, o telefone toca, e uma irmã intercessora, amiga minha, que Deus usava e ainda usa muito, disse-me: "Miriam, estava em oração e o Senhor me levou a orar por você. Ele me disse que este homem que retirou este carro de você não usufruirá dele porque você o consagrou a ele".

Não sei se você crê que Deus usa pessoas (profetas) para nos entregar recados da parte de Deus, mas eu creio. Sabendo de quem vinha a palavra, eu cri e guardei em meu coração.

No final daquele ano, recebi uma intimação para ir até uma delegacia no início do mês de janeiro de 1996. Ao chegar ao local, com dia e hora marcados, descobri que o que me levou até lá dizia respeito ao referido carro, pois ainda estava em meu nome. O delegado, após fazer-me algumas perguntas, disse-me que ele havia sido emprestado ao filho daquele moço a quem entreguei o carro naquele feriado de carnaval. E, pasmem, a pessoa se envolveu num acidente, tornando-o inutilizado. Forneceu-me o endereço onde ele estava para que eu confirmasse o seu estado.

Ao chegar à casa, liguei imediatamente para aquela irmã. Naquele mesmo dia, fomos até lá e, com os nossos próprios olhos, confirmamos o que Deus havia me falado às vésperas do carnaval de 1995. O carro estava todo amassado tanto na frente quanto atrás. Que decepção! O seu destino foi o ferro-velho.

Nesse tempo, um irmão em Cristo, grande amigo de minha família, todas as vezes que me encontrava na casa de meus pais, me dizia: "Miriam, eu vejo aqui na garagem de seus pais um carro prata que o Senhor lhe restituirá no lugar daquele que lhe foi tirado". Eu, como sempre, guardei a palavra desse irmão no meu coração recordando-me dela, sempre, como se fosse um alimento para minha alma, embora eu não morasse mais na casa de meus pais, pois já havia me casado.

Os anos se passaram; o Senhor nos presenteou com um novo carro (vivência 19). Nesse tempo, meu pai adoeceu muito e precisamos morar um período numa casa nos fundos da casa deles para ajudar as minhas irmãs no cuidado tanto de meu pai quanto de minha mãe.

Certo dia, sentada, olhando a garagem da casa, veio-me à memória as palavras daquele grande amigo nosso (*in memoriam*), João da Mata Nunes. Nesse momento, eu estava sozinha e me emocionei por mais uma vez experimentar a fidelidade de Deus para comigo. Como senti naquele instante o amor dele, porque sempre usou <u>amigos dignos</u> para me trazer palavras ao coração de tal forma que alimentassem a minha alma, motivando-me a seguir em frente, certa de que ele <u>nunca</u> me abandonou, nem me abandonaria. Como o Senhor foi, é e continuará sendo bom para comigo!

Saiba que, quando Ele promete, podem passar dias, estações, mas a sua fidelidade jamais passará. "Deus não é homem, para que minta; nem filho do homem, para que se arrependa; porventura diria ele, e não o faria? Ou falaria, e não o confirmaria?" (Números 23:19).

Esteja convicto(a) de que se ele lhe prometeu algo, a seu tempo se materializará. Que Deus o(a) abençoe!

ORAÇÃO DO DIA:

Que o Senhor nos livre de "amigos indignos" e que tenhamos olhos, ouvidos e coração de discípulos para identificarmos os "amigos dignos" que alimentam a nossa alma com palavras vindas do próprio trono do Senhor para nós;

Que o Senhor nos dê corações crédulos em relação a tudo o que ele nos prometer, sabendo que há um tempo para todas as coisas. Amém.

O QUE ESSA VIVÊNCIA ME ENSINA?

VIVÊNCIA 34

UMA MÃO ESTENDIDA X UMA TRAIÇÃO

Texto Bíblico-Base: Salmo 118
"Melhor é confiar no Senhor do que confiar no homem"
(Salmo 118:8).

Ao ler o versículo acima, compreendo que Davi, o salmista, chegou a essa conclusão após passar por inúmeras decepções com o ser humano e experimentar de forma sobrenatural a fidelidade de Deus em sua caminhada.

Esse mesmo Davi, ao ser confrontado pelo Senhor, após numerar a Israel sem a sua autorização, faz a escolha mais sábia entre três opções apresentadas por Deus a ele, por intermédio de seu vidente, Gade.

Assim ele diz: "[...] Estou em grande angústia; caia eu, pois, nas mãos do Senhor, porque são muitíssimas as suas misericórdias; mas que eu não caia nas mãos dos homens" (I Crônicas 21:13).

Quanta verdade nessas palavras do rei Davi! Infelizmente, nós ainda somos mais propensos a pedir socorro ao homem ao invés de buscarmos o socorro e as estratégias do nosso Deus.

Eu já expus anteriormente as sérias dificuldades financeiras pelas quais passei no início de minha juventude por conta de uma sociedade malsucedida.

A inexperiência e a imaturidade para lidar com tal problema levaram-me ao fundo do poço em relação a dívidas, e eu precisei, a duras penas, aprender a lidar com a situação. Não me isento aqui quanto aos erros cometidos por mim nessa administração. O projeto e a vontade eram meus, mas com certeza não estava nos planos de Deus para minha vida naquele tempo.

Em uma circunstância como essa, aqueles que você pensa ser seus amigos e apoiadores passam de largo, a exemplo da parábola do Bom Samaritano, bem ilustrada por Jesus.

Apesar de ao longo dos anos ter passado por outras experiências difíceis, sem sombra de dúvidas, posso afirmar que esse tempo de duras provas foram os dias mais amargos de minha existência, nos quais pude dizer como Davi: "[...] estou em grande angústia; [...]".

Foi nesse tempo que procurei uma pessoa que julgava ser capaz de me dar um apoio, um pastor batista conhecido de longa data, e ele me emprestou um dinheiro até eu conseguir me reorganizar. Só que as coisas não saíram da forma como eu esperava; atrasei algumas parcelas, as quais acabei acertando.

Mas o restante não foi possível acertar no tempo devido, e ele colocou uma advogada no meu caminho. Após um único diálogo com essa advogada e sem nenhuma alternativa, ofereci o meu carro para quitação da dívida com todos os juros e custas advocatícias, enfim, a promissória estava em minhas mãos (já mencionei na vivência 33).

Confesso que, por um bom tempo, todas as vezes em que eu me via pensando nessa situação, meus sentimentos passavam por uma ebulição. Primeiro, eu não me perdoava por ter aceitado entrar naquela sociedade; e, segundo, não aceitava a ideia de ter procurado essa pessoa que, no meu entendimento, seria mais complacente para comigo.

Anos se passaram, e eu, com a ajuda do Senhor e com muita indignação por esse sentimento de derrota/fracasso, que, diga-se de passagem, paralisou-me por um bom tempo, eu consegui mudar a página de minha vida.

Não sei quantos já vivenciaram fracassos profissionais e financeiros como essa minha experiência. Não é fácil porque as pessoas julgam sem dó nem piedade, principalmente os chamados "da casa do Senhor, da igreja". O primeiro lugar onde passei a me sentir completamente "excluída, julgada" foi na igreja batista da qual eu era membro. Pensa no sentimento de "indignidade" que se apoderou de minhas emoções, minha mente. Por essa razão e por pressão de alguns irmãos "mais santos", eu entreguei meu cargo de diretora da Escola Bíblica Dominical, que naquele tempo estava a pleno vapor, crescendo. Um tempo no qual, como disse uma diaconisa para minha cunhada, "A Miriam está em pecado" e que, portanto, deveria me consertar primeiro.

A impressão que me dava era a de que somente eu naquela congregação estava errada, e era assim que o meu maior inimigo, o espiritual, desejava que eu continuasse a pensar. Mas, "Graças a Deus que nos dá a vitória por nosso Senhor Jesus Cristo". (I Coríntios 15:57), depois de vários anos, eu consegui romper com essas amarras e aqui estou para compartilhar esse fracasso, mas também as minhas alegrias, a minha superação.

Enfim, aquela mão que, a princípio, pareceu-me "uma mão estendida, amiga" tornou-se "uma mão de traição" "uma mão de opressão". Ao invés de ajudar-me a sair do fundo do poço, afinal era um conhecido de longa data, um pastor, ela serviu para, por um tempo, manter-me presa nesse fundo do poço. Quanta angústia, quanta vergonha, quantos questionamentos e quanta solidão naquele tempo! Mas tudo foi um grande aprendizado! Foram tempos de amadurecimento pessoal, profissional e espiritual.

Hoje, mais do que nunca, eu compreendo essa palavra do amado rei Davi: "Melhor é confiar no Senhor do que confiar no homem" (Salmo 118:8), porque tanto em nossos acertos quanto em nossos desacertos, Deus continua sendo fiel e bondoso para conosco. Que o Senhor o(a) abençoe!

ORAÇÃO DO DIA:

Que o Senhor nos capacite, a cada dia, a depositar a nossa confiança única e exclusivamente nele, ainda que as noites sejam as mais escuras de nossas vidas;

Que o Senhor nos dê discernimento ao pedirmos ajuda a outros seres humanos para que nenhuma mão estendida torne-se uma mão traiçoeira;

Que o Senhor nos livre do homem que empresta com usura, do homem mau. Amém.

O QUE ESSA VIVÊNCIA ME ENSINA?

VIVÊNCIA 35

A FIGURA DE UMA CLARIVIDENTE

Texto Bíblico-Base: Números 22
"E, vendo a jumenta o anjo do Senhor, deitou-se debaixo de Balaão; [...] Então o Senhor abriu a boca da jumenta, a qual disse a Balaão: Que te fiz eu, que me espancaste estas três vezes?" (Números 22:27-28).

Como o nosso Deus é criativo! Lendo este versículo, é como se eu estivesse vendo uma cena de algum filme de Hollywood, mais especificamente do diretor Spielberg. Ao mesmo tempo, vem-me a clareza de que Ele é o criador e que, portanto, tem o domínio sobre a sua criação.

Por que inicio esta meditação com esse versículo?

Porque nós, cristãos, principalmente os evangélicos, acreditamos que o Espírito Santo de Deus usa somente pessoas totalmente comprometidas com o Senhor e com a sua Palavra para falar conosco ou agir a nosso favor ou até contra nós mesmos. Mas esse versículo lança por terra toda essa nossa defesa. Compreendo que, quando Deus deseja e precisa chamar a nossa atenção, Ele usa "quem" e "o que" Ele bem quiser para nos alertar, nos corrigir, nos consolar e nos livrar.

Nessa cena, o que estava mais próximo a Balaão era a sua jumenta, um ser criado por Deus, e, portanto, estava sob seu domínio. Necessitamos a cada dia ter a clareza de que tudo e todos estamos debaixo de seu controle. Nada foge de suas mãos, de sua vontade. Deus não se limita às nossas "caixinhas".

Em 1995, quando eu ainda era proprietária daquela escola que cito na vivência 2, a mãe de uma criança que estudava conosco estava devendo quatro mensalidades. Certo dia, a avó dessa criança me liga e diz que estava com o dinheiro para fazer o acerto, mas não tinha condições de vir até a escola. Perguntou-me se eu poderia passar em sua casa para receber e levar os recibos para ela.

Pensei: "Eu preciso receber. Ela mora em bairro próximo de onde fica minha residência. Por que não ir até lá?". Até então, eu não a conhecia. Combinamos que, num determinado sábado, próximo das 8 horas, eu estaria lá para fazermos o acerto. E assim foi.

Ao chegar em frente à sua residência, toquei a campainha e apareceu uma senhora mais ou menos de uns 60 anos falar comigo. Sua aparência e vestimenta pareciam com as de mulheres bolivianas, mexicanas, peruanas... Tinha tranças longas e bem-feitas em seu cabelo. Uma senhora muita agradável que me fez entrar em sua casa e ir até o seu ateliê de costura, nos fundos.

Ainda em pé, pois eu não conhecia aquele ambiente e estava sozinha, aquela mulher começou a relatar acontecimentos de minha vida desde a infância. Eu não sabia, mas a filha dela tinha estudado numa escola onde eu havia sido coordenadora pedagógica, e aquela senhora já me conhecia de reuniões de pais e entrega de boletins naquela instituição.

Essa senhora me falou tantas coisas relacionadas ao meu passado quanto ao que eu estava vivendo naquele momento difícil profissionalmente e até na igreja, por conta de situações financeiras complicadas. Falou, inclusive, sobre meu futuro esposo e a projeção que teria como pessoa.

Escutei tudo com muita atenção. Conversamos e fizemos o nosso acerto. Despedi-me e agradeci a sua atenção e suas palavras. Nunca mais vi aquela senhora, mas da sua imagem e de suas palavras jamais me esqueci.

Eu fiquei tão assustada com tudo aquilo que ao sair dali passei na casa de uma amiga, irmã de oração, para compartilhar tal acontecimento. Até hoje eu tenho gravado em minha memória tudo o que aquela mulher me disse.

O que eu compreendi com isso?

Que naquele momento difícil que eu estava passando Deus queria me alertar para algumas coisas que eu não estava percebendo; que Ele queria chamar a minha atenção para o propósito que ele tinha em minha vida; que Ele usa quem Ele quer e da forma que Ele quer para nos corrigir, alertar e nos dar palavras de consolo, de livramento, de esperança. Absolutamente tudo está sob o seu domínio. Nenhum só "fio de cabelo cai de nossa cabeça" sem que ele saiba. Glórias a Deus por tudo e por todos que fizeram e fazem parte de nossa caminhada cristã. Que Deus o(a) abençoe!

ORAÇÃO DO DIA:

Que o Senhor nos dê olhos e ouvidos atentos a tudo e a todos que ele deseja usar em nossa caminhada, seja para correção, consolo ou motivação;

Que tudo e todos que ouvirmos em nossa trajetória passem pelo crivo de sua Palavra e de sua vontade. Amém.

O QUE ESSA VIVÊNCIA ME ENSINA?

VIVÊNCIA 36

UMA CASA CONFORME O DESEJO DO MEU CORAÇÃO

Texto Bíblico-Base: Salmo 37
"Deleita-te também no Senhor, e Ele concederá os desejos do teu coração"
(Salmo 37:4).

Era final de 2012, decidimos que íamos procurar uma casa para mudarmos de um apartamento onde morávamos. Para quem já morou ou mora em apartamento, com exceção dos mais luxuosos, sabe que nem sempre a vizinhança colabora no quesito respeito ao direito do outro, principalmente em relação ao silêncio.

Começamos a pesquisar casas para alugar no mês de dezembro. Para isso, como sempre as mulheres fazem, estabeleci alguns critérios para essa casa. Cada vez que víamos uma casa e eu não aprovava, meu esposo concordava, outras vezes retrucava dizendo que eu era muito exigente. Onde teria uma casa com tantos detalhes assim?! rsrsrsr

Veja os meus critérios: casa em condomínio fechado, de preferência nova ou bem conservada, dois banheiros com armários, armários pelo menos no nosso quarto e cozinha, próximo ao meu trabalho e que tivesse um bom preço. Só isso! rsrsrsrs

Pois bem, procuramos no mês de dezembro inteiro até 20 de janeiro de 2013, e para a surpresa dele e não minha, encontramos uma casa ampla, novinha, três quartos, armário novinho na suíte, armários planejados nos dois banheiros e na cozinha, quintal gramado na lateral, fundo e frente, condomínio fechado, bom preço e bem perto do meu trabalho. Quer bênção melhor que esta?!

No dia 3 de fevereiro daquele ano, realizamos nossa mudança. Morar naquele condomínio foi um tempo de refrigério para nós, por três anos e meio. Como Deus foi bom para conosco! Ele nos presenteou com esse tempo de refrigério porque Ele, sendo conhecedor de todas as coisas, sabia que eu, principalmente, viveria depois desse tempo um ano muito intenso e estressante em relação à saúde e partida de meu pai para a "Casa do Pai".

Esteja certo de que Deus sonda os nossos corações e sabe a hora exata e o como nos presentear em relação a algo que desejamos. É bom termos bem definido em nossa mente o que desejamos do Senhor; claro, segundo a sua vontade. Sempre digo ao meu esposo: "O problema não está nem nunca estará em Deus, mas sim em nós". O que precisamos é alinhar as nossas vidas e as nossas ações aos propósitos que Deus tem para cada um de nós. Claro que não é fácil! Existem muitas distrações que se interpõem entre nós, o Senhor e a sua Palavra. Daí a importância de sempre fazermos uma autoavaliação sobre o nosso relacionamento com ele, realinhando-nos quantas vezes forem necessárias. Que o nosso Deus nos ajude a vencer a nós mesmos a cada dia. Que o Senhor o(a) abençoe!

ORAÇÃO DO DIA:

Que o Senhor nos dê a cada dia um coração confiante em suas promessas;

Que sejamos perseverantes para podermos aguardar o tempo e o modo como o Senhor almeja nos abençoar;

Que a gratidão por seu cuidado em realizar o mais simples desejo do nosso coração esteja sempre presente em nossos lábios. Amém.

O QUE ESSA VIVÊNCIA ME ENSINA?

VIVÊNCIA 37

UMA MULHER QUE DEIXOU SAUDADES

Texto Bíblico-Base: João 16
"Assim também vós agora, na verdade, tendes tristeza; mas outra vez vos verei, e o vosso coração se alegrará, e a vossa alegria ninguém vo-la tirará" (João 16:22).

É tão confortante quando olhamos para a Palavra de Deus e nos deparamos com declarações como esta, expostas pelo próprio Jesus. Aqui, mais uma vez, fica claro que Jesus, o Filho de Deus, identifica-se conosco, com as nossas dores, com as nossas fraquezas, com os nossos sentimentos de perdas etc.

Ele sabia que a sua partida estava próxima e que, portanto, todos aqueles que o amavam sentiriam profunda tristeza e saudades pela sua separação física tão iminente.

Esse sentimento de saudade, de vazio, é tão profundo que só entende quem já passou pela perda de algum ente querido muito amado. O silêncio de quem parte para com aqueles que ficam é algo que só compreenderemos na eternidade, pois existe uma promessa por parte do nosso Pai Celestial: "E Deus enxugará de seus olhos toda a lágrima; e não haverá mais morte, nem pranto, nem clamor, nem dor; porque já as primeiras coisas são passadas" (Apocalipse 21:4). Realmente, enquanto vivermos neste corpo físico sobre a terra, conviveremos com o último inimigo a ser vencido: a morte. "Ora, o último inimigo que há de ser aniquilado é a morte" (I Coríntios 15:26).

Dito isso, quero dizer que em 2021, mais precisamente no dia 12 de fevereiro, próximo das 13 horas, aqui no Brasil, recebemos a notícia que jamais desejaríamos receber: a morte de minha única cunhada, única irmã de meu esposo. Ela não era apenas uma cunhada, uma irmã; era uma grande amiga, confidente, intercessora fiel, conselheira. A Eliane Silva.

Embora morasse há vários anos na Espanha, mais precisamente na cidade de Garrucha — região da Andaluzia, Sul da Espanha —, cidade essa linda, que o Senhor nos permitiu conhecer e nela passar alguns dias maravilhosos com ela no ano de 2017, tínhamos o costume de conversar por horas uma ou mais vezes por semana; ou simplesmente por mensagens diárias com meu esposo ou comigo.

A partir desse tempo, vivenciamos um luto no qual experimentamos, mais uma vez, a realidade desse sentimento chamado saudade. Como não foi e ainda não é fácil lidarmos com sua ausência, com o seu silêncio, com a ausência de seu amor, incentivo, oração e cuidado. Quantas vezes desejamos contar vitórias, conquistas a ela, ou, simplesmente, conversar coisas do cotidiano, dar boas risadas, como também pedir oração por alguma situação que esteja nos afligindo ou a um dos nossos, pois uma de suas qualidades era ser intercessora por aqueles que a procuravam.

Essa mulher, uma serva de Deus, profeta reconhecida entre tantos irmãos e amigos, nunca mediu esforços para poder auxiliar a alguém, fosse em oração, fosse em ouvir as pessoas ou providenciar algo material que alguém precisasse, principalmente quando se referia à alimentação e saúde. Deixou muitos "filhos na fé" não só no Brasil, mas em Espanha, França, EUA, México etc. Aqueles que souberam aproveitar de seu convívio, de sua amizade, do seu amor, da sua presença e da sua alegria sabem perfeitamente do que estou falando.

O que compreendemos com essa "volta para casa" por parte de minha cunhada é que pessoas dessa estirpe, realmente, deixam saudade, e muuiiitaaa saudade!!! Mas também temos a convicção de que o nosso Deus e a sua Palavra, a cada dia, são o nosso sustento, o nosso alimento. Aleluia!

Que possamos valorizar aquelas pessoas que amamos enquanto as temos fisicamente próximas a nós. Mesmo aquelas a distância, é possível convivermos demonstrando nosso amor e cuidado e sendo alimentados pelo amor delas também. Não esperemos perder uma pessoa amada para que depois queiramos valorizá-la ou elogiá-la.

Deixo aqui uma questão para sua reflexão: quando você partir, que sentimento ficará nos corações daqueles que conviveram com você: saudade ou alívio?! Que possamos escolher deixar saudades. Que o Senhor nos encha da sua graça e paz a cada manhã! Que o Senhor o(a) abençoe!

ORAÇÃO DO DIA:

Que o Senhor nos capacite a superar, a cada dia, a saudade daquelas pessoas amadas que partiram;

Que o silêncio físico dessas pessoas seja substituído pela esperança de que um dia o Senhor enxugará de nossos olhos toda lágrima;

Que tenhamos força e coragem para a cada manhã prosseguirmos em nossa jornada sendo úteis ao Reino de Deus e a todos aqueles que de alguma forma precisam de nós;

Que o Senhor nos ajude a ser, a cada dia, melhores para que quando partirmos desta terra deixemos um legado à nossa família, amigos e sociedade;

Que a saudade seja o sentimento impresso em todos aqueles que nos amarem e conviverem conosco. Amém.

O QUE ESSA VIVÊNCIA ME ENSINA?

VIVÊNCIA 38

O ANO DE 2021 – O ANO QUE EU DESEJEI ESQUECER

Texto Bíblico-Base: Deuteronômio 31
"Esforçai-vos, e animai-vos; não temais, nem vos espanteis diante deles, porque o Senhor, vosso Deus, é o que vai convosco; não vos deixará, nem vos desamparará" (Deuteronômio 31:6).

A nossa tendência humana é tentar fugir, esquecer ou deletar tudo aquilo que nos causa dor ou constrangimentos. Mas, quando olhamos para a Palavra de Deus, somos confrontados com inúmeros conselhos, dentre os quais: esforce-se, anime-se, não temas, prossiga, levante-se etc.

Certa vez, num final de ano — ano esse em que nossa casa foi arrombada por duas vezes e meu esposo foi assaltado na rua ao voltar da faculdade à noite —, eu disse a um colega meu de trabalho, Ricardo, um psicólogo: "Ah, se eu pudesse... eu esqueceria esse ano de 2007!".

Ele imediatamente me respondeu: "Miriam, com certeza, este foi um ano em que você obteve muitos aprendizados. Portanto, não dá para esquecê-lo". Que lição! Que puxão de orelhas!

Quando cheguei ao final do ano de 2021, esse sentimento de desejar esquecer o ano novamente tentou me atingir, mas logo o Senhor me trouxe à memória o que ouvi desse meu colega de trabalho em 2007. Realmente, quanto aprendizado nos proporcionou e ainda tem nos proporcionado!

A grande diferença entre o ano de 2007 e 2021 é que, no primeiro, tivemos inúmeras perdas materiais e, claro, ficamos abalados emocionalmente e até questionando o porquê não fomos protegidos pelo Senhor. Já em 2021, foram várias perdas de familiares queridos (alguns inesperadamente), pelo menos três deles nos deixando muito abalados, pois não apresentavam, aparentemente, nenhum problema de saúde.

Meu esposo, em fevereiro, perdeu a única irmã para um câncer no pulmão diagnosticado, vindo a óbito num espaço de menos de dois meses; dois meses depois, em abril, um ex-cunhado dele falece em decorrência da Covid-19; após sete meses da partida de sua irmã, em setembro, a sua mãe, que já tratava do mal de Alzheimer, também vai embora. Eu perco um tio, único irmão de meu pai que ainda estava vivo e que estava sob meus cuidados e de meu esposo, no mês de agosto; uma prima por parte de mãe falece em decorrência da Covid-19, em junho; e, por último, o esposo de uma prima por parte de mãe falece em decorrência de um infarto fulminante no início de setembro. Esse primo deixou-nos muito abalados porque umas duas horas antes havíamos almoçado no restaurante deles e conversado um bom tempo com ele e a esposa. Quantas vozes se calaram num espaço tão curto de tempo! Um luto se sobrepôs a outro. Não houve tempo para assimilação de tantas perdas.

Foi ou não foi um ano pesado?!

Além de todas essas perdas físicas, alguns dos casos, como o de minha sogra e de meu tio, envolveram muitos investimentos de nossa parte em termos de tempo, cuidado, financeiro, espiritual e, principalmente, o emocional.

Enfrentar todos esses lutos em tão curto período de tempo não foi nada fácil, com certeza! Em uma situação como essa, você precisa cuidar de você, ser forte, mas também precisa ser apoio para os que estão mais próximos. Nesse caso, precisei ser apoio para meu esposo e para meu sogro, que acabou vindo morar conosco. Isso, sem contar, as mudanças que acabaram ocorrendo em nossa casa e dinâmica familiar.

Apesar da falta que sentimos dessas pessoas, da saudade, compreendo que precisamos aprender a valorizar e cuidar das pessoas, em todos os sentidos, enquanto as temos conosco.

E outro aspecto muito importante é termos a clareza da finitude de nossas vidas e da única certeza que todo ser humano precisa ter: a de que todos nós enfrentaremos esse último inimigo a ser vencido, que é a morte.

E onde viveremos a nossa eternidade? Com Cristo, nos céus, ou com o diabo e seus anjos, no inferno? Essa é uma realidade que a Bíblia nos aponta e sobre a qual precisamos estar atentos. Cuidemos, sim, da nossa vida profissional, financeira, pessoal e familiar; mas nada disso levaremos conosco em nosso caixão — este não tem gaveta. Muito menos se formos cremados. Em termos espirituais, a nossa responsabilidade é individual. Nos céus, não seremos aceitos pelo nome de nossa família, por exemplo: família Abreu, família Silva... Sou eu e o Senhor, você e o Senhor.

Dito tudo isso, compreendo mais do que nunca que precisamos a cada dia nos esforçar, nos animar e lançar fora todo o medo, certos de que o Senhor jamais nos deixará e nos desamparará, conforme diz a sua Palavra no início deste texto. Se não for possível enfrentar as batalhas sozinho(a), busque ajuda de profissionais especializados, como psicólogos. A terapia é algo muito saudável. Busque grupos de convivência, irmãos de fé, pastores(as), padres, irmãs de grupos de intercessão etc. O que não podemos é nos fechar, enclausurando-nos em nossos sofrimentos emocionais, pois refletirão em nossa vida física, espiritual, profissional e familiar.

Busquemos o entendimento do que Jó disse ao perder seus filhos e bens: "O Senhor o deu, e o Senhor o tomou: bendito seja o nome do Senhor" (Jó 1:21). Que o Senhor nos ajude a continuar firmes até o final de nossa jornada, pois Jesus nos fez uma promessa: "Ao que vencer lhe concederei que se assente comigo no meu trono; assim como eu venci, e me assentei com meu Pai no seu trono" (Apocalipse 3:21). Que o Senhor o(a) abençoe!

ORAÇÃO DO DIA:

Que o Senhor nos capacite, a cada dia, a ter a compreensão exata sobre o significado da vida e da morte;

Que estejamos dispostos a aprender com o Senhor sobre o amor e cuidado para com todos aqueles que amamos e que estão à nossa volta, principalmente os de nossa casa;

Que o Senhor imprima em nossos corações, a cada dia, a certeza de que não estamos sozinhos e que todo o medo seja lançado por terra em nome de Jesus;

Que o Senhor traga sobre nossas vidas, a cada manhã, o vento suave da esperança e da certeza de que um dia estaremos com Cristo para sempre. Amém.

O QUE ESSA VIVÊNCIA ME ENSINA?

VIVÊNCIA 39

A AUTORIZAÇÃO MAIS DIFÍCIL DE MINHA VIDA

Texto Bíblico-Base: Salmo 34
"Muitas são as aflições do justo, mas o Senhor de todas o livra" (Salmo 34:19).

Ao iniciar este texto, gostaria de deixar uma questão para você refletir: você já vivenciou alguma situação em sua vida pessoal ou familiar sobre a qual você é o responsável por uma resposta final que envolva a saúde de um ente querido, no caso o seu pai ou sua mãe?

Pois bem, espero que você não vivencie uma experiência como essa, pois, se assim for, tenho absoluta certeza de que o sentimento que inundará a sua alma é de angústia e impotência, por mais que tenhamos o Senhor como nosso ajudador. É o nosso lado humano.

Por que lhe digo isso?

Em meados de 2012, meu pai, que era diabético, por um erro médico cometido em um outro hospital uns três anos antes, precisou passar pela amputação de sua perna direita. Quanta dor na alma eu senti ao receber essa notícia! Pior ainda foi ser convocada pelo cirurgião por ser a responsável por sua internação, para que assinasse um termo de autorização para tal procedimento. Quantas indagações fizeram parte da minha vida naqueles dias!

No dia e hora agendados, lá estávamos para assinar o tal termo. Meu esposo foi o responsável por assinar como testemunha.

Foi um tempo que requereu de nós muita fortaleza e fé para o consolarmos e trabalharmos essa nova fase de tal forma que não se entregasse à depressão. Sem contar com o apoio que tínhamos que dar à minha mãe que também já era de idade e abalou-se com o acorrido.

É em situações como essas que temos a real clareza de que não somos e não podemos nada sozinhos, a não ser com o auxílio do Senhor por meio de sua Palavra e pela ação do Espírito Santo de Deus em nossas vidas. É como expressou o salmista: "Se não fora o Senhor que esteve ao nosso lado [...]" (Salmo 124:1) com certeza teríamos perecido emocionalmente, espiritualmente e financeiramente.

Por essa razão, eu considero essa autorização/assinatura a mais difícil, a mais dolorosa de minha vida. Quantas vezes eu tive que ouvir meu pai nos dizer: "Cadê a minha perninha? O que fizeram com ela?". Um momento como esse é aquele em que você engole em seco e busca força lá onde, humanamente, já não existe, para poder consolar a outra pessoa.

Quantas vezes ele sentia que a perna ainda estava ali e tentava levantar-se. Eu não sei se você sabe, mas toda pessoa que amputa um membro de seu corpo, por muito tempo, ela o sente como se ainda estivesse ali. No caso do meu pai, ele sentia como se o pé coçasse. E aí a lembrança é dolorosa tanto para a pessoa quanto para a família.

Quando passamos por experiências assim, é comum a nossa mente ser atingida por um turbilhão de pensamentos, de questionamentos. Afinal, somos humanos. O que não podemos é permitir que esses pensamentos e sentimentos de derrota, de fracasso, se estabeleçam em nossa mente e coração.

Fácil, com certeza, não foi e continuará não sendo; mas tenho aprendido algumas lições em minha trajetória pessoal e profissional, dentre elas é a de que Deus usa circunstâncias e pessoas para nos amadurecer e aperfeiçoar o nosso caráter e a nossa fé em Cristo. É exatamente aquela palavra: "E sabemos que todas as coisas contribuem juntamente para o bem daqueles que amam a Deus[...]" (Romanos 8:28).

Outro aspecto que aprendi nesse tempo de dificuldades quanto à saúde de meu pai é que a união de esforços é necessária. A presença da família em todos os sentidos não só contribui para o restabelecimento do enfermo, como também para a divisão de tarefas, e as despesas financeiras ficam mais leves. É em tempo como esse que conhecemos, realmente, a nossa família. Principalmente aqueles que se dizem cristãos, frequentadores assíduos de igreja.

O Senhor já nos alertou sobre isso em Êxodo 20:12: "Honra a teu pai e a tua mãe, para que se prolonguem os teus dias na Terra que o Senhor teu Deus te dá". Quando falamos em honra, falamos em respeito e obediência aos conselhos de nossos pais; mas também, na velhice, falamos de presença, de cuidado, de ajuda, de afeto, de uma ligação para saber como está etc.

Afinal, auxiliá-los é uma forma de gratidão, de honra e retribuição pelo cuidado e zelo que tiveram para conosco. Não importa se acertaram ou erraram em nossa educação e formação, principalmente porque não sabemos exatamente o que eles receberam de nossos avós. A Bíblia não abre nenhum precedente quando nos afirma que devemos tratá-los com honra. Deus em sua Palavra é taxativo, imperativo: "Honra [...]".

Trabalhei muitos anos numa instituição de ensino pertencente ao Sistema Colégio Militar do Brasil. E aprendi uma expressão muito usada no campo militar: "Quem pode manda; quem tem juízo obedece". Portanto, Deus pode e manda; nós, que temos bom juízo, simplesmente obedecemos para o nosso próprio bem e saúde em todas as áreas de nossa vida. Que o Senhor nos ajude a sermos servos(as) fiéis a Ele e aos seus conselhos e mandamentos. Que Deus o(a) abençoe!

ORAÇÃO DO DIA:

Que o Senhor nos capacite a enfrentar qualquer adversidade que nos atingir, confiantes de que Ele nos livrará e nos sustentará com mão forte;

Que ele, o Senhor, nos capacite a honrar nossos pais em amor, suprindo todas as suas necessidades físicas, emocionais, financeiras e espirituais em suas velhices na medida de nossas forças, capacidade e prosperidade, que Ele colocou em nossas mãos. Amém.

O QUE ESSA VIVÊNCIA ME ENSINA?

VIVÊNCIA 40

MULHERES ADMIRÁVEIS

Texto Bíblico-Base: Marcos 10
"Porque o Filho do homem também não veio para ser servido, mas para servir e dar a sua vida em resgate de muitos" (Marcos 10:45).

Eu nasci em um lar cristão. O culto doméstico, a Escola Bíblica Dominical (EBD) — que, aliás, hoje tem sido abandonada pela maioria de nossas igrejas —, cultos de oração, cultos aos domingos etc. sempre fizeram parte de nossas vidas.

Sou imensamente grata aos meus pais por essa formação religiosa e pelo exemplo de generosidade que sempre fez parte do dia a dia de nossa família.

Os anos se passaram, e o amadurecimento, os relacionamentos e o conhecimento nos proporcionaram condições de fazermos uma melhor leitura do nosso campo religioso, mais precisamente as igrejas cristãs evangélicas, e, no meu caso, especificamente as igrejas batistas.

Por décadas, ouvi e ainda ouço líderes enfocando apenas a fé e a graça redentora de Jesus Cristo, omitindo assim a necessidade de praticarmos as boas obras (o serviço em prol dos necessitados), colocarmos a nossa fé e o amor ao próximo em prática. Contentam-se, apenas, com doações de pequenas cestas básicas, roupas e calçados usados aos mais necessitados. Ajuda? Sim, mas isso deve ser somente o emergencial.

Ainda existem aqueles que se referem a cristãos de outras denominações como "incrédulos" que praticam as obras porque creem na salvação por meio destas. Será mesmo?!

Na minha Bíblia e, com certeza, na sua também, existe o seguinte texto: "Assim também a fé, se não tiver as obras, é morta em si mesma. Mas dirá alguém: Tu tens a fé e eu tenho as obras; mostra-me a tua fé sem as tuas obras, e **eu te mostrarei a minha fé pelas minhas obras**" (Tiago 2:17-18, grifo nosso).

Olhando para o texto acima, o próprio Jesus, o Filho de Deus, colocou-se sempre, não só em palavras, mas em ação, como Servo. Jesus, em todo o seu ministério, não somente viu, mas sentiu a miséria humana física, emocional, material e espiritual. Toca muito ao meu coração todas as vezes em que me deparo nos evangelhos com a expressão: "Então, Jesus movido de íntima compaixão [...]" (Ex.: Mateus 20:34). Ele nunca se despediu, de quem o procurasse em busca de socorro, sem uma solução plausível.

Infelizmente, na maioria de nossas igrejas cristãs evangélicas, a preocupação permeia só no campo do espiritual. Mas o ser humano é completo; é corpo, alma (emoções) e espírito. Há necessidades específicas para cada parte dessa pessoa. A fome e a doença não esperam por muito tempo.

E hoje vemos muitos líderes religiosos indo na contramão da palavra do próprio Cristo. Estes desejam e ensinam as suas ovelhas a servi-los sempre. Embora muitas vezes façam um discurso contrário. Infelizmente o contraditório, em pleno século 21, é uma prática em muitas de nossas igrejas cristãs evangélicas.

O saudoso pastor Isaac Braz, pastor da Igreja Batista do Guanandi, em Campo Grande/MS, costumava dizer a nós, seus membros na década de 80, que no céu teremos muitas surpresas. E hoje, mais do que nunca, concordo com a afirmação desse homem de Deus, que mostrou, na prática, o que é ser um servo de Deus. Pregava um evangelho que vivia, e vivia o evangelho que pregava. Profundo conhecedor da Palavra, grande líder e mestre por excelência. Uma referência de homem de Deus!

Por que estou dizendo isso?

O irmão mais velho de meu pai separou-se de sua família quando seus filhos ainda eram pequenos. Tentou reconciliação, mas não deu certo. Viveu a vida trabalhando em fazendas no Pantanal Sul-Mato-grossense. O meu pai — pois somente os dois ainda eram vivos — preocupava-se muito com ele e com a sua salvação. Consegui trazê-lo para morar numa casa perto da casa de meus pais.

Os anos se passaram, meu pai ficou acamado por conta do diabetes e suas complicações, e esse meu tio teve um Acidente Vascular Cerebral (AVC). Os filhos não quiseram assumir os cuidados em relação a ele. Por conta de toda a situação, decidimos trazê-lo para morar conosco, na casa de meus pais. Foram tempos difíceis, pois eu, meu esposo e duas irmãs nos dividíamos no atendimento a eles dois e à minha mãe, que também era idosa e requeria atenção especial.

Vivemos assim por um ano. Nesse tempo, busquei ajuda por meio de políticas públicas. Diga-se de passagem: excelentes no papel, mas, na prática, desgastantes e inoperantes. Depois de muitas idas e vindas, quase desistindo, eis que surge em nossas vidas uma instituição de atendimento a idosos em Campo Grande/MS, Asilo São João Bosco. Instituição administrada e mantida por pessoas ligadas à igreja católica.

Eu já havia ido a essa instituição acompanhando alunos de escolas onde trabalhei, mas não conhecia de perto o trabalho e as pessoas envolvidas nessa obra.

Meu tio morou lá quatro anos e dois meses. Nós o visitávamos duas a três vezes por semana. Buscávamos para nos visitar, saíamos com ele quando necessário. No mínimo uma vez por semana, fazíamos isso, quando a situação ficava muito difícil para nós. Ele foi morar com o Senhor em agosto de 2021, quatro anos e três meses depois do meu pai.

Nessa casa de idosos, conhecemos o trabalho das Irmãs Passionistas de São Paulo da Cruz, renomada instituição de caridade. Nesse tempo, observando e conversando muito com essas irmãs, normalmente três, e mais uma assistente social fantástica, a Paula. Nós nos deparamos com um Evangelho Prático. Quanto _amor_, quanto cuidado para com os idosos que ali moram e para com as famílias destes que mantêm um bom relacionamento com a instituição.

Por diversas vezes, sentados com meu tio embaixo das árvores ali existentes, observando a atenção que aquelas irmãs dispensavam a todos, eu perguntei ao meu marido: "Que amor é este?!".

São mulheres, algumas delas não são mais jovens, mas demonstram um amor profundo pelos ensinamentos de Jesus, colocando-os em prática de uma forma muito natural. A sinceridade e a naturalidade com que prestam esse serviço é contagiante.

Nós nos sentimos, desde então, acolhidos e amados por aquela casa e por todos que ali trabalham ou trabalharam. Passamos por outras perdas familiares, e sempre essas irmãs e a assistente social estiveram nos acompanhando, dando-nos palavras de estímulo, abraçando-nos, sendo presentes em momentos fúnebres. Criou-se um laço de amizade entre nossa família e essa casa, essas pessoas.

Posso afirmar, sem medo de ser injusta, que fomos mais acolhidos e amados — na prática —, nesses tempos difíceis, por essa casa e essas irmãs, do que propriamente pela Igreja Evangélica Batista da qual fazemos parte.

Essa instituição e essas irmãs têm nos ensinado o que realmente é ser servo. O que realmente é um Evangelho Prático, no qual nos despimos de nós mesmos, de nossas vaidades, de nossas arrogâncias, de nossos achismos, conhecimentos etc. e passamos a olhar o outro como, na essência, Jesus olharia. Esse é o real sentimento de compaixão.

Eu jamais ousaria emitir qualquer opinião sobre a fé e relacionamento com Jesus de pessoas como essas mulheres. Jamais ousaria chamá-las de incrédulas, pois as suas práticas, por meio das obras em relação aos mais necessitados, extrapolam a qualquer voz de julgamento. É o entrecruzamento da fé com as obras. É a essência do Evangelho.

Como eu desejaria ver as nossas Igrejas Evangélicas Batistas e de tantas outras denominações dando exemplo como esse nas áreas social, educacional, saúde, jurídica etc.

Quantas instituições poderiam, hoje, existir mantidas por nós, evangélicos. Quantos profissionais temos, hoje, em nossas igrejas que poderiam fazer parte dessa obra, prestando serviço ao Reino!!! Claro, existem algumas poucas espalhadas por nossa nação prestando algum serviço, mas muitas delas ainda de forma insipiente. Eu falo de instituições cristãs evangélicas sérias, que tenham uma visão, uma missão; que tenham gestões eficientes para não se tornarem vergonha com o passar dos anos.

Creio eu que estamos em um tempo em que precisamos nos reunir menos para comer juntos (confraternizar). Precisamos nos preocupar menos com ambientes, sons, mídias, ar-condicionado, luzes, poltronas e holofotes... O que realmente precisamos é sair das quatro paredes e ser o ouvido e a boca do necessitado, levando, na prática, amor e esperança na pessoa de Jesus Cristo. Precisamos prestar serviço àqueles que clamam por amor, justiça, pão e água. Àqueles que clamam por saúde, por recursos e companhia! A Bíblia nos afirma: "Abre a tua boca; julga retamente; e faze justiça aos pobres e aos necessitados" (Provérbios 31:9). Aqui não trato de assistencialismo, mas de um trabalho técnico/profissional, respeitando os parâmetros legais, em favor de todos aqueles que se encontram em situação de vulnerabilidade. Que o Senhor tenha misericórdia de nós; que acordemos enquanto é tempo. Que Deus o(a) abençoe!

ORAÇÃO DO DIA:

Que o Senhor nos capacite a compreender o que realmente significa ser servo, na prática;

Que sejamos impelidos pelo Espírito Santo de Deus a colocar nossos dons, talentos, habilidades, profissão e recursos a serviço daqueles mais necessitados;

Que possamos ter o entendimento de que não existe amor sem prática, sem serviço no Reino de Deus. Amém.

O QUE ESSA VIVÊNCIA ME ENSINA?

VIVÊNCIA 41

100 ANOS: O PRIVILÉGIO DE TER UMA MÃE CENTENÁRIA

Texto Bíblico Base: Êxodo 20
"Honra a teu pai e a tua mãe, para que se prolonguem os teus dias na terra que o Senhor teu Deus te dá" (Êxodo 20:12)

Estamos no início do verão aqui no Brasil, mais precisamente na última semana do ano de 2022, hoje 27 de dezembro. Semana tensa, de muitas incertezas políticas em nosso país. Não sabemos o que o Senhor tem preparado para nossa nação a esse respeito, mas temos a convicção de que Ele, no seu tempo, trará um renovo tanto espiritual quanto material para o nosso povo, que não desiste nunca.

Em meio a todas essas incertezas e turbulências, quero compartilhar com você o privilégio de ainda termos uma mãe centenária. Hoje, ela está com 100 anos, 3 meses e 2 dias. Poucos são os que chegam a essa idade com lucidez como minha mãe.

Uma mulher temente a Deus; em todo o tempo, soube enfrentar as turbulências da vida com equilíbrio e muita fé; sempre manteve a convicção de que no final tudo daria certo. Uma mulher virtuosa e generosa; uma joia preciosa a qual amamos e respeitamos muito. O que sempre fez a diferença em sua vida não foi a intelectualidade ou o conhecimento linguístico — pois não teve o privilégio de frequentar uma escola quando nova —, mas o temor ao Senhor e à sua Palavra.

Quando olho para o texto bíblico acima, observo que é uma realidade na vida de minha mãe, tendo por base suas narrativas sobre a sua infância, adolescência e mocidade. Em momento algum de suas histórias, eu detectei desprezo, falta de amor e consideração por meus avós, ainda que sua mãe tenha sido rígida quanto ao trabalho e trato para com os filhos.

Ela sempre nos disse que a rigidez de sua mãe a fez dizer e pensar: "o dia em que eu me casar e tiver filhos, eu vou ser uma mãe totalmente diferente de minha mãe no trato para com eles". E esse desejo ela colocou perfeitamente em prática.

Minha avó faleceu cedo. Eu tinha recém-nascido; minha mãe estava de dieta. Em contrapartida, o meu avô materno viveu até os seus 86 anos. A maior parte do tempo de sua vida após a morte de minha avó ele viveu em nossa casa. Ia para a casa de outros(as) filhos(as), mas sempre retornava para a nossa casa.

Algo que sempre me chamou a atenção desde criança foi o trato de minha mãe para com o seu pai, e também com o meu avô paterno, pois este também ficou viúvo muito cedo e a maior parte do tempo de sua vida também morou conosco. O Senhor os chamou em meados da década de 80. Acredito que o sentimento que minha mãe teve nesse tempo foi o de missão cumprida.

A Palavra de Deus nos afirma que: "Os dias de nossa vida chegam a setenta anos, e se alguns, pela sua robustez, chegam a oitenta anos, o orgulho deles é canseira e enfado, pois cedo se corta e vamos voando" (Salmos 90:10). Observando esse texto, podemos dizer que minha mãe já quebrou esse recorde kkk, mas, ao mesmo tempo, ela está enquadrada no versículo exposto no início deste texto. Ali há uma promessa de dias longos de tal forma que tudo vá bem.

Diante do exposto, a palavra-chave que me vem à memória em relação à minha mãe é honra. A honra é um privilégio tanto para quem a pratica quanto para quem a recebe. Só consegue honrar aos outros aquele que tem um espírito desprendido de tudo o que é material e carnal.

Aprendi e ainda tenho aprendido com minha amada Olívia que um dos princípios básicos da vida cristã é a honra. E esta é um privilégio!

Sinto-me honrada e, com certeza, meus irmãos também, em ainda termos conosco essa mulher honrada que soube colocar em prática na sua família e para com todos aqueles que conviveram e ainda convivem com ela o princípio da honra.

Portanto, 100 anos... Que privilégio ter uma mãe centenária! Deus seja louvado. A ele honra e glória e louvor pelos séculos dos séculos. Que Deus o(a) abençoe!

ORAÇÃO DO DIA:

Que o Senhor derrame sobre nós, através do Espírito Santo de Deus, a real compreensão do princípio da honra;

Que o Senhor nos dê um espírito desprendido para que possamos colocar em prática o princípio da honra para com os nossos pais, avós, familiares e outros;

Que tenhamos a capacidade de honrar a todos aqueles que merecem honra em nossa trajetória de vida. Amém.

O QUE ESSA VIVÊNCIA ME ENSINA?

VIVÊNCIA 42

SENTIMENTO DE IMPOTÊNCIA

Texto Bíblico-Base: II Coríntios 12
"Por isso sinto prazer nas fraquezas, nas injúrias, nas necessidades, nas perseguições, nas angústias por amor de Cristo. Porque quando estou fraco então sou forte" (II Coríntios 12:10).

Eu não sei quantos de vocês já se sentiram impotentes diante de algumas situações ou circunstâncias. Eu só sei lhes dizer que não é fácil! É em momentos como esse que se você der vazão ao lado espiritual compreenderá o quão pequenos somos diante da grandeza e dos propósitos de Deus para com a nossa vida.

Olhando para acima, encontramos o Apóstolo Paulo ensinando-nos de maneira profunda a enfrentar as turbulências em nossa trajetória de vida. Realmente, é na nossa fraqueza que o poder de Deus se aperfeiçoa em nós. É onde — se deixarmos o Senhor trabalhar em nós e por meio de nós — seremos despidos de toda arrogância, orgulho, prepotência, achismos etc.

Em momentos como esses que temos a oportunidade de ser trabalhados no quesito compaixão, empatia. Ou seja, termos a capacidade de nos colocar no lugar do outro. Sentirmos a dor e a necessidade do outro. Daí a importância de fazermos para nós mesmos a seguinte pergunta: "E se fosse comigo? Como seria?"

Eu compartilho essa experiência com você porque nos últimos anos eu e meu esposo passamos por circunstâncias que muitas vezes nos levaram às lágrimas, por termos a clareza de que nada poderíamos fazer. Tudo estava na dependência d'Aquele que é Senhor sobre tudo e sobre todos.

Foram experiências ligadas à saúde de pessoas que amávamos muito, como: meu pai, meu tio, minha sogra, minha cunhada e a minha mãe, em algumas situações que foram vencidas. E, agregado a todas essas circunstâncias, o lado financeiro muitas vezes também nos levou a angústias, pois circunstâncias sérias de saúde em família, com certeza, comprometem as nossas finanças.

Não é fácil você ver um ente querido seu passando por enfermidades, dores que só o Senhor pode resolver e, ainda, muitas vezes, você não ter os recursos necessários para um atendimento mais aperfeiçoado.

Mas, por mais que o sentimento de impotência muitas vezes nos atingiu, principalmente ao final da vida de meu pai, meu tio e minha sogra, o Senhor sempre proveu atendimentos e recursos que nos ajudaram a vencer tais circunstâncias.

Mas uma experiência profundamente marcante quanto a nos sentirmos impotentes foi o fato de minha cunhada em tão pouco tempo ser diagnosticada com câncer, ser internada para tratamento e ninguém da família ter condições de acompanhá-la na Espanha, pois ela morava lá. Foi no tempo mais sombrio da pandemia, quando viajar se tornou impossível. A ajuda da família a ela foi via WhatsApp. Ela só pôde contar com o esposo e uma amiga brasileira em tempos de internação.

Com toda a dor da separação que ainda sentimos, podemos dizer que Deus foi fiel para com ela, não permitindo que o sofrimento dela e o nosso — de impotência e dor — se prolongassem. Só lhe digo que não foi fácil. O seu sepultamento ocorreu lá mesmo, devido às circunstâncias que o mundo estava vivendo com a pandemia. É muito difícil dar adeus a quem amamos tanto, a quilômetros e quilômetros de distância. O ciclo se fechou, sendo o seu sepultamento transmitido on-line para os familiares e amigos aqui no Brasil e em outros países.

Com tudo isso e as demais circunstâncias da vida, temos compreendido a profundidade dos desafios da vida; a seriedade em relação ao como tratamos aqueles a quem amamos enquanto os temos com saúde e com vida ao nosso lado. Como necessitamos nos despir de sentimentos que não agradam a Deus, como também burilar o nosso trato, afinal, principalmente a saúde, quando se vai, coloca-nos justamente na condição de impotentes para ajudarmos aqueles a quem tanto amamos.

Creio que Deus nos faz vivenciar certas situações em nossas vidas, não só na saúde, mas em todas as áreas, para nos chamar a atenção e dar-nos a oportunidade de fazermos uma "conversão", **todos os dias**, em nossa trajetória de vida, para que sejamos úteis não só à nossa família, mas a tantos outros em nossa sociedade, deixando assim um legado que valha a pena. Que a cada dia o nosso Deus nos fortaleça com a sua graça, amor e bondade! Que o Senhor o(a) abençoe!

ORAÇÃO DO DIA:

Que o Senhor nos faça compreender, a cada dia, que é na nossa fraqueza que o poder d'Ele se aperfeiçoa em nós;

Que todo sentimento de impotência vivenciado por nós venha a se transformar em energia e compaixão para auxiliarmos a quem necessitar de cada um de nós;

Que o Senhor nos capacite, a cada dia, a nos despir de todo sentimento que nos separe de sua real presença em nós e através de nós. Amém.

O QUE ESSA VIVÊNCIA ME ENSINA?

VIVÊNCIA 43

O QUE APRENDEMOS COM A PARTIDA DE PESSOAS QUE AMAMOS

Texto Bíblico-Base: II Coríntios 1
"Bendito seja o Deus e Pai de nosso Senhor Jesus Cristo, o Pai das misericórdias e o Deus de toda a consolação; Que nos consola em toda a nossa tribulação, para que também possamos consolar aos que estiverem em alguma tribulação, com a consolação com que nós mesmos somos consolados por Deus" (II Coríntios 1: 3-4).

Eu não sei se você que está lendo este texto neste momento já passou pela experiência de perder um ente querido. Se sim, você compreenderá perfeitamente o que vou expor a seguir. Se não, fico feliz por você!

Eu, quando criança, recordo-me de que com apenas nove anos perdi um irmão com 17 anos apenas, num estúpido acidente de bicicleta, onde um motorista alcoolizado o atropelou com um caminhão. Senti muito, afinal éramos muito próximos. Lembro-me de que ele sempre que possível me ensinava as tarefas escolares. Ele era muito autêntico; viveu com muita intensidade esses poucos anos de vida.

Por ser criança, naquele tempo, eu não compreendi em sua essência a dor de meus pais e de meus irmãos mais velhos e cunhados. Só sei que nossa vida em família teve algumas mudanças radicais. Uma delas é que meus pais tinham o costume de todas as refeições sentarem à mesa, com todos presentes. Como foi difícil para eles e para todos nós mantermos esse *habitus* por um bom tempo, pois o meu irmão não estava mais no seu lugar de sempre.

Outra mudança é que, a partir desse fato, a alegria de meus pais em manter a fazenda funcionando como antes passou a ser comprometida, embora o acidente tenha ocorrido numa cidade próxima.

Outro aspecto que nos fazia lembrar muito dele é que ele tinha uma personalidade muito marcante. Era barulhento, brincalhão, não tinha tempo ruim para ele. Assim, o vazio tornou-se maior tanto interiormente quanto no espaço de nossa casa.

Os anos se passaram... Foram-se meus dois avós — paterno e materno —, que, a maior parte do tempo, moraram na casa de meus pais, por serem viúvos. Nesse tempo a mais, tios e primos se foram.

Mas, de 2017 para cá, as partidas de pessoas muito próximas a nós, e que amávamos tanto, passaram a ser mais constantes. Foi meu pai, meu tio, irmão mais velho dele — aliás, eu fui responsável por ele um bom tempo, e meu esposo e irmãs ajudaram a cuidar dele. Foi a minha única cunhada por parte do meu esposo, grande amiga. Foi minha sogra. E outros familiares próximos e muito queridos também se foram; alguns de forma muito estúpida também.

Interessante que, a partir da morte de meu pai, Deus me deu uma clareza tão profunda sobre o que nós somos e o que a morte representa. Nós somos apenas um sopro, nosso corpo é apenas uma casca. E para que tanta soberba, arrogância, desejo de mais e mais?! E de ser mais, para quê? A qualquer hora, a nossa "senha" pode ser chamada, e o que temos e construímos para quem será? A Bíblia é categórica em afirmar que: "O homem é semelhante a um sopro; os seus dias são como a sombra que passa" (Salmo 144:4).

O que importa é o como vivemos o nosso presente, o hoje. Precisamos, a cada dia, (re)visitar a nossa memória e nossas emoções para que estejamos em dia com nossos relacionamentos, sejam eles familiares, de amizades ou profissionais. Gosto muito da expressão do ator principal do filme *O Gladiador* quando ele diz: "Tudo o que fizermos aqui ecoará na eternidade". Quanta verdade nessa expressão!

Busquemos conversar tudo o que desejamos conversar; perguntemos tudo o que quisermos saber; falemos tudo o que sentimos pelas pessoas que amamos; abracemos o quanto for possível; presenteemos o quanto desejarmos, da forma que pudermos, porque chegará o dia em que você desejará com toda a sua alma fazê-lo, e não será mais possível. Aquela voz silenciou e aquele corpo derreteu, virou pó, se foi, e não existirá, jamais, a oportunidade de correção de rotas e atitudes.

Que depois de tudo isso, você tenha condições de colocar sua cabeça no travesseiro e dormir de consciência tranquila. Isso é bom demais.

E o nosso Deus, o Deus de todo o consolo, consolará os nossos corações, e nós também seremos consolo para tantos outros que estejam vivenciando situações pelas quais já passamos.

O lindo de tudo isso é que "o Deus de toda consolação" nos carrega nos braços, suprindo-nos de todo amor e cuidado. Que o Senhor o(a) abençoe!

ORAÇÃO DO DIA:

Que o Senhor nos capacite a revisitar e corrigir, a cada dia, os nossos sentimentos e atitudes para com aqueles que amamos e vivenciamos no nosso dia a dia;

Que, com a mesma consolação que fomos consolados, o Senhor nos capacite a consolar a todos aqueles que passam pela despedida de seus entes queridos;

Que o Senhor nos ajude, a cada dia, a buscar a real compreensão do que significa tanto a vida quanto a morte, para que não nos percamos em meio às lidas de nossa vida. Amém.

O QUE ESSA VIVÊNCIA ME ENSINA?

VIVÊNCIA 44

UM EXEMPLO PRÁTICO DE AMOR AO PRÓXIMO

Texto Bíblico-Base: Mateus 25
"Então os justos lhe responderão, dizendo: Senhor, quando te vimos com fome, e te demos de comer? Ou com sede, e te demos de beber? [...] E, respondendo o Rei, lhes dirá: em verdade vos digo que quando o fizestes a um destes pequeninos irmãos, a mim o fizestes" (Mateus 25: 37 e 40).

Era o mês de dezembro de 2021, e uma de minhas irmãs pediu-me que a levasse até um hospital em nossa cidade, Campo Grande/MS. Importante salientar que esse é um hospital de referência em nosso estado, tendo sua origem em 1941[9]

Nesse dia foi realizado um mutirão para que muitas cirurgias oftalmológicas fossem realizadas. Havia ali muitos pacientes vindos do interior; e outros, da própria cidade de Campo Grande/MS. Todos chegaram muito cedo ao hospital.

Eu e meu esposo ficamos esperando minha irmã, sentados em cadeiras, colocadas numa área aberta. Vale salientar que esse local é muito bonito, arborizado, limpo e organizado.

Qual não foi nossa surpresa!!!

Por volta de 7h30, duas irmãs católicas que residem e trabalham nesse local surgem empurrando um carrinho abastecido de chá quentinho, pães e xícaras. Elas serviram a todos os acompanhantes pelo fato de estarem ali desde muito cedo, embora lá exista uma cantina. Certo é que muitos que ali estavam são pessoas

---
[9] Disponível em: https://saojuliao.org.br/institucional/. Acesso em: 9 jan. 2024.

aposentadas e de recursos parcos. O mais surpreendente é que uma daquelas irmãs já é de uma certa idade.

E mais uma vez eu e meu esposo fizemos a mesma pergunta que já fizemos em outra Associação Católica: "que amor é esse?!".

A atitude dessas irmãs nos impactou sobremaneira, visto que a indiferença em relação à necessidade do outro ainda é um imperativo em nossa sociedade. Claro que muitos discursos são proferidos em favor do necessitado, tanto na política quanto em nossas igrejas, mas o que se observa, na prática, é o oposto do que vivenciamos naquela manhã. Podemos afirmar que existe um antagonismo nesses discursos quando se trata desse assunto. Discurso e prática não têm se alinhado até mesmo em nossas igrejas evangélicas, ou principalmente nessas.

Quero deixar algumas questões para a sua reflexão:

- Como avaliar as atitudes dessas duas mulheres?
- Como você tem avaliado ou julgado a atitude de pessoas de outras denominações ou grupos religiosos, quando se refere ao atendimento às necessidades básicas das pessoas, por exemplo, quanto à fome, à saúde?
- O que você ou a sua igreja/grupo religioso tem feito por aqueles que carecem de auxílio?
- Em sua opinião, qual seria a atitude de Jesus em relação a tantas carências hoje de inúmeros seres humanos?
- Que Evangelho essas mulheres têm lido e colocado em prática? Será o mesmo que estamos lendo? Ou nós temos escolhido omitir a segunda parte deste, que é a sua prática?

Confesso, meus irmãos: de uns anos para cá, após conviver mais de perto com cristãos católicos e outros grupos religiosos, não tenho ousado julgá-los pelas suas práticas no que se refere a auxílio ao próximo em suas necessidades básicas. Alguns poderiam me dizer: "mas eles fazem isso porque acreditam na salvação pelas obras". E eu lhes responderia: "mas o Apóstolo Tiago diz que a fé sem obras é morta".

Eu não creio no amor sem prática, sem ação. Como dizer que amo o meu Senhor se o meu irmão, o meu próximo, a minha família estão passando necessidades e eu passo de largo, tendo eu condições, de alguma forma, de ajudá-los? Que amor é esse?! Esse tipo de amor, para mim, não passa de poesias e canções. Esse Evangelho não é o mesmo que eu leio em minha Bíblia. Que o Senhor tenha misericórdia de nós e de nossas igrejas evangélicas. Que o Senhor o(a) abençoe!

ORAÇÃO DO DIA:

Que o Senhor nos perdoe por tantas negligências em relação à prática do amor cristão;

Que o Senhor incendeie o nosso coração de paixão pelas almas e por suas necessidades básicas como seres humanos;

Que as nossas igrejas sejam impactadas pelo amor do Pai de tal forma que saiam das quatro paredes para atenderem àqueles que perecem;

Que o Senhor tenha misericórdia de nós e de nossas igrejas, e nos perdoe pelo pecado da omissão em não colocar em prática o verdadeiro amor: atender ao órfão, à viúva e a tantos outros que venham a necessitar. Amém.

O QUE ESSA VIVÊNCIA ME ENSINA?

VIVÊNCIA 45

LIVRAMENTO DE UM HOMEM VINGADOR

Texto Bíblico-Base: Salmo 35
"Tira da lança e obstrui o caminho aos que me perseguem; dize à minha alma: Eu sou a tua salvação" (Salmo 35:3).

Eu e meu esposo, logo que nos casamos, moramos numa kitnet. Quem já morou nesse tipo de residência sabe que privacidade é algo inexistente, não é mesmo?! Mas era o que tínhamos para o momento. Era em um bairro bem localizado que, inclusive, favorecia muito a mim quanto à distância do colégio onde eu trabalhava. Por um período, as coisas caminharam dentro da normalidade; os dois outros vizinhos eram tranquilos.

Mas, depois de um certo tempo, ao ser desocupada uma das kitnets, mudou-se para lá um casal bem jovem. Assim, a nossa tranquilidade passou a ser limitada. Aquele casal gostava de som alto e, mais ainda, por diversas vezes ouvíamos a jovem reclamando, até mesmo gritando, pedindo a ele para parar de esmurrá-la.

Aguardamos uns dias e, ao irmos à imobiliária fazer o acerto do aluguel, expressamos a nossa insatisfação pelo que estava ocorrendo no imóvel e informamos que, assim que possível, iríamos mudar para outro imóvel. Descobrimos naquele dia que quem pagava o aluguel daquele casal era a mãe do rapaz.

Os dias foram se passando, e meu esposo passou a perceber que aquele moço, quando passava por ele, em sua moto, acelerava como se quisesse intimidá-lo. Meu esposo ignorava, embora em vigilância, até porque estava bem próxima a nossa saída daquele imóvel.

Pouco tempo depois, o Senhor nos permitiu mudar para uma boa casa, individual, a somente duas quadras de distância da referida kitnet. "Que alívio", assim pensávamos.

Certo dia, meu esposo, voltando para casa a pé, no início da noite, foi atingido em sua nuca por algo como se fosse um plástico duro. Ficou meio tonto e, ao olhar para o lado, reconheceu a moto daquele moço. Este estava com um parceiro na garupa.

Ao conversar com um senhor que presenciou o fato, ele percebeu que os dois ficaram ao longe observando; inclusive, aquele senhor espírita deu um bom conselho para o meu esposo naquele momento.

Ao chegar à casa, conversamos. Ele me contou o ocorrido e oramos sobre o assunto, que, aliás, foi um grande livramento, pois se ele tivesse virado o rosto poderia ter quebrado os ossos da face ou prejudicado a sua visão, uma vez que usava óculos. Deus foi muito bom ao controlar a reação, o instinto de meu esposo.

Daquele dia em diante, nunca mais aquele moço perseguiu o meu esposo. Não sabemos que destino o Senhor deu a ele, mas uma coisa sabemos: Deus nos deu a salvação, o livramento quanto a esse homem perseguidor. Aleluia!!!

E veja bem, meu irmão, minha irmã: outra lição que aprendemos é que o(a) filho(a) criado(a) sem regras, sem limite e sem respeito sempre será a vergonha de seus pais. Veja só, esse tipo de filho(a) crescerá e chegará à vida adulta achando que todas as coisas giram ao seu redor e que a sua vontade, o seu desejo, sempre deverá ser atendido. Dificilmente essas pessoas serão bem-sucedidas em seus relacionamentos e vida profissional. A não ser que tenha um real encontro com Jesus e refaça sua trajetória de vida, no sentido de correção.

O maravilhoso é saber que o nosso Deus, que conhece os nossos passos e de todos aqueles que nos rodeiam, não dorme! Sempre será a nossa salvação, o nosso livramento. Que o Senhor o(a) abençoe!

ORAÇÃO DO DIA:

Que o Senhor nos faça vigilantes em todas as áreas de nossas vidas;
Que o Senhor nos livre de batermos de frente com todo homem mau e vingativo;
Que aprendamos a depositar nas mãos do Senhor todo desejo de vingança em relação a quem quer que seja;
Que os Senhor nos capacite, a cada dia, a confiar mais e mais em suas promessas de livramento e cuidado. Amém.

O QUE ESSA VIVÊNCIA ME ENSINA?

VIVÊNCIA 46

A AFRONTA DO INIMIGO

Texto Bíblico-Base: Jeremias 1
"E pelejarão contra ti, mas não prevalecerão contra ti; porque eu sou contigo, diz o Senhor, para te livrar" (Jeremias 1:19).

Era início da década de 80. Eu, recém-formada, passei a lecionar em um colégio privado de minha cidade. Este atendia alunos da pré-escola até o ensino médio. Naquela época, existiam os cursos técnicos, como: contabilidade, magistério etc. Atuei tanto no ensino fundamental quanto no ensino médio até início da década de 90.

Os proprietários daquela instituição de ensino eram de uma família que tinha como formação religiosa o espiritismo kardecista. Confesso que foram os patrões mais humanos e respeitosos que já tive durante minha trajetória profissional.

Os anos se passaram, e uma sobrinha desses proprietários começou a frequentar a mesma igreja batista que eu, chegando a fazer um curso preparatório para o batismo, tornando-se assim muito próxima a mim. Ela, por grande pressão da família, desistiu de continuar em uma igreja evangélica.

O que mais me chamou a atenção nesse tempo foram três situações que ocorrem em locais diferentes quando eu estava junto dessa jovem. Na primeira situação, estávamos conversando dentro do carro, em frente à igreja que frequentávamos, aguardando o início do culto dos jovens; na segunda, estávamos em uma outra igreja batista, dentro do templo, num encontro de jovens da associação centro, na época; e na terceira situação, estávamos dentro do carro, com uma outra irmã da Assembleia de Deus, após um almoço em que a referida jovem me deu carona até outro colégio onde eu trabalhava também.

Nas três ocasiões, ela me disse: "Miriam, eles chegaram (inimigos espirituais) e me dizem para eu grudar em sua garganta e matá-la sufocada, porque eles (os espíritos malignos) a odeiam". Confesso que não tive tanto receio, mas, por muita insistência de sua parte, pois ela tinha medo de perder o controle sobre a situação, pelo menos em dois momentos, eu me afastei. Um não, porque estávamos em momento de culto, dentro da igreja.

O que eu aprendi com isso?

O Senhor é quem nos livra do inimigo de nossas almas, ainda que não o percebamos. Ele nos livra de suas afrontas e armadilhas;

- Que excelente informação ela me passou: "porque eles a odeiam". O Senhor me livrou da morte. Recordo-me de uma vez, no início de minha juventude, quando acompanhei o meu pastor, na época era o pastor Isaac Braz — precioso servo de Deus —, para atender um jovem que passava por um problema de possessão. Quando ele chegou à casa daquele jovem, lá de dentro, com uma voz bastante incisiva e estranha, este dizia: "Eu te odeio!". E o meu pastor respondeu: "Fico muito feliz em saber que você me odeia. Preocupado ficaria se fosse diferente".

- Quando eu ouvi o que essa jovem disse, imediatamente recordei-me do meu antigo pastor. Realmente, precisamos ser odiados por aquele que pode nos roubar o privilégio de um dia, quando partirmos desta terra, vivermos eternamente com Jesus Cristo, nosso Senhor e Salvador;

- Descobri o quanto é importante, e necessário, termos profundidade/autoridade espiritual. Não só conhecermos a Palavra de Deus, mas levarmos uma vida de oração e jejum, pedindo a Deus o dom do discernimento de espíritos para que possamos não recuar, mas enfrentar a questão de frente. É o que a Palavra de Deus diz em Tiago 4:7: "Sujeitai-vos, pois, a Deus, resisti ao Diabo, e ele fugirá de vós". Em momentos como esse, precisamos coragem para dar uma ordem de comando em nome de Jesus. Não enfrentar, mas resistir. Mas essa ousadia só teremos se estivermos em dia com o Senhor, tanto no conhecimento da Palavra, quanto no jejum e oração. É a intimidade com o Senhor, que nos faz triunfar em quaisquer circunstâncias.

Essa experiência sempre vem à minha memória como um incentivo para que eu, a cada dia, busque mais intimidade com o Senhor. Claro que, com o passar dos anos, amadurecemos e deixamos muitas meninices e práticas que não condizem com a Palavra de Deus e, consequentemente, com a prática da vida cristã. Faltou-me, naquele tempo, uma autoridade espiritual, uma maturidade espiritual para poder melhor e ajudar aquela jovem, embora tenha sido o canal pelo qual ela chegou ao conhecimento da Bíblia e do plano de salvação. Que Deus o(a) abençoe!

ORAÇÃO DO DIA:

Que o Senhor nos ajude a ter disposição para a cada dia buscarmos uma vida mais íntima e de comunhão com Ele e sua Palavra;

Que o Senhor derrame sobre nós o Espírito de discernimento para que não sejamos pegos de surpresa pelo inimigo de nossas almas, para que não caiamos em suas ciladas;

Que sejamos instrumentos de libertação e restauração para muitas vidas. Amém.

O QUE ESSA VIVÊNCIA ME ENSINA?

VIVÊNCIA 47

ESCOLHENDO ATALHOS

Texto Bíblico-Base: Deuteronômio 5
"Olhai, pois, que façais como vos mandou o Senhor vosso Deus; não vos desviareis, nem para a direita nem para a esquerda" (Deuteronômio 5:32).

Tendo por base os mais diversos dicionários da Língua Portuguesa e, também, observando o que o senso comum nos diz, compreendemos a palavra atalho como uma estrada mais curta, um desvio do caminho principal. Já no campo tecnológico e informático, refere-se às teclas de acesso mais rápido, permitindo assim simplificar os passos da escrita no nosso dia a dia.

Hoje vivemos no tempo do Urgente, Urgentíssimo (UU). As pessoas não têm mais paciência para esperar as coisas acontecerem porque vivemos na era dos *"clicks"*, na qual tudo acontece. O imediatismo tomou conta de nossa sociedade globalizada, e isso tem gerado, inclusive, o excesso de ansiedade, adoecendo assim a muitas pessoas.

Quando olhamos para a Palavra de Deus, concluímos que esse comportamento é totalmente antagônico ao que a Bíblia nos orienta. No livro de Eclesiastes 3:11 está escrito: "Tudo fez formoso em seu tempo; [...]". O Senhor valoriza o processo em nossas vidas porque é nesse tempo que somos modelados em nosso caráter e prática; é durante o processo que vamos amadurecendo e deixando as nossas práticas infantis. Precisamos compreender que Deus jamais colocará algo valioso nas mãos de alguém imaturo, pois este não saberá o que fazer com a preciosidade colocada a seu dispor. Encontramos, ainda, em Eclesiastes 3:1 a seguinte Palavra: "Tudo tem o seu tempo determinado, e há tempo para todo o propósito debaixo do céu".

Percebe que o adágio popular "A pressa é inimiga da perfeição" tem um fundamento bíblico? A perfeição está em Deus e no respeito a seus princípios e valores. E princípios são imutáveis e irrevogáveis, independentemente do lugar onde estejamos neste planeta.

Você já observou que, atualmente, até mesmo as frutas não têm mais o mesmo sabor daquelas de antigamente, ou seja, de algumas décadas atrás? Primeiro, porque muitas têm passado por mudanças/aperfeiçoamentos genéticos de suas sementes. Mas existe algo que eu compreendo como causa principal: hoje as frutas são colhidas antes do tempo, ainda verdes e com pouco desenvolvimento para atenderem às demandas do mercado, do consumo. Semelhantemente às frutas, temos os legumes, as verduras e por aí vai.

Outro aspecto interessante relacionado ao ser humano é que até a metade da década de 90 era possível observar um comportamento diferenciado em nossas crianças, adolescentes e jovens. Eles ainda vivenciavam de uma forma mais saudável tudo o que se relacionava à sua faixa etária, claro que não em sua totalidade. Com o avanço das novas tecnologias, a ampliação do acesso a produtos e serviços, o excesso de informações, novas leis e a insegurança das famílias em relação à educação dos filhos, temos colhido frutos também menos saborosos, alguns deles até espinhosos.

Todas essas colheitas e muito mais ocorrem porque temos valorizado mais os atalhos do que propriamente o caminho principal. Por quê? Porque o atalho é mais rápido, menos trabalhoso; mas temos nos esquecido de que é durante a nossa trajetória que o processo do preparo em nossas vidas acontece. Quando andamos com pressa, somos privados de muitos aprendizados, queimamos etapas e deixamos, inclusive, de contemplar a beleza do caminho. O perigo nisso tudo é que estamos expostos a decisões e práticas erradas que podem não condizer com a Palavra de Deus, nem com aquilo que Ele tem preparado para cada um de nós.

Por que digo isso?

Porque eu e meu esposo, por mais de uma vez, tentamos ajudar a Deus em relação às promessas que temos da parte dele para com as nossas vidas, principalmente na área profissional e financeira. Sem contar que eu, quando solteira, já havia enfrentado a questão da sociedade malsucedida naquela escola a que me referi na experiência 2.

Dessa forma, os atalhos que pegamos tentando chegar mais rápido só nos proporcionaram frustrações e perdas econômicas, emocionais, espirituais. Hoje temos a mais nítida clareza de que o Senhor desejava nos conduzir por um processo de trato conosco em todas as áreas de nossas vidas, capacitando-nos para algo muito além daquilo que podíamos vislumbrar naquele tempo de nossa imaturidade.

Como isso é enriquecedor! Hoje temos clareza sobre os propósitos de Deus em nossas vidas e que tudo que antes almejávamos é e será consequência do trabalhar de Deus em nós e por meio de nós. O Senhor é perfeito em tudo o que faz, e, realmente, nada foge do seu controle. Não há coincidência no Reino Espiritual, mas sim providência. Deus é extremamente estrategista: Ele sabe como, onde e quando acertar o alvo. Não há como fugirmos ou nos escondermos de sua presença, de seu agir: Ele é onisciente, onipresente e onipotente, ou seja, Ele sabe/conhece todas as coisas; Ele está em todos os lugares ao mesmo tempo, e Ele pode todas as coisas. O rei Davi, no Salmo 139, descreve exatamente isso.

Eu desafio você a fugir dos atalhos, respeitando assim os processos de Deus em sua vida para que venha a usufruir de tudo aquilo que ele tem reservado para você e sua família. Que o Senhor o(a) abençoe!

ORAÇÃO DO DIA:

Que o Senhor nos dê discernimento para que nunca venhamos pegar atalhos em nenhuma área de nossas vidas;

Que eu me permita ser guiada pelo processo que o Senhor tem para a minha vida e família;

Que o Senhor me ajude a respeitar todas as fases que Ele deseja que eu viva como pessoa e em família. Amém.

O QUE ESSA VIVÊNCIA ME ENSINA?

VIVÊNCIA 48

TRÊS VIZINHAS E O ELO DA AMIZADE

Texto Bíblico-Base: Provérbios 17
"**Em todo o tempo ama o amigo e para a hora da angústia nasce o irmão**"
(**Provérbios 17:17**).

Com certeza, não é novidade para muitos que a palavra "amizade" tem sua origem no grego Φιλία (philia). Essa palavra, ainda que pequena, expressa, digamos, os mais preciosos vínculos que o ser humano possa construir, ou seja, amigos, família, parentes etc.

Aristóteles, o filósofo grego, ao fazer uso da palavra *philia*, deixa-nos claro que essa é uma virtude ou, se não é, pelo menos está ligada a ela. Analisando por esse prisma, compreendemos que ela envolve relações afetivas sendo o que há de mais necessário a vida. Podemos dizer que são laços construídos ao longo de uma caminhada regada por lealdade e fidelidade. Essas relações são construídas por pessoas que não necessariamente sejam ligadas por parentesco ou relacionamento sexual. Digamos que seja o afeto recíproco, afinal relacionamentos são construídos, e essa construção faz parte de um processo regado pelo sentimento que eu considero como o mais nobre da existência humana: o amor.

Entendo que só há uma possibilidade pela qual possamos expressar tal sentimento: pela prática. O que passar disso são apenas versos, poemas e canções.

Jamais me esquecerei de um pastor do qual tive o privilégio de ser ovelha na adolescência e início da juventude, Isaac Braz. Ele sempre dizia em suas mensagens e estudo: "o amor é uma via de mão dupla". Perfeito, ninguém ama sozinho. É necessária a reciprocidade nessa prática para que os relacionamentos sejam construídos de forma saudável. O que passar disso é doentio.

Outro aspecto muito importante a ser pensado é que não há amor onde impera o desrespeito. Se você diz que ama alguém, mas não o respeita, sinto muito lhe dizer: você está completamente equivocado. O verdadeiro amor passa pelo crivo da prática e do respeito.

Sendo assim, o amor é o sentimento que nos impulsiona a construir relacionamentos saudáveis como as amizades duradouras. As amizades são nossas avenidas de mão dupla.

Vejamos o que o *Dicionário de Filosofia Nicola Abbagnano* nos diz sobre o que é a amizade:

> Em geral, a comunidade de duas ou mais pessoas ligadas por atitudes concordantes e por afetos positivos. Os antigos tiveram da **Amizade** um conceito muito mais amplo do que o admitido e usado hoje em dia, como se infere da análise que Aristóteles fez dela nos livros VIII e IX da *Ética a Nicômaco*. Segundo Aristóteles, a amizade é uma virtude ou está estreitamente unida à virtude: de qualquer forma, é o que há de mais necessário à vida, já que os bens que a vida oferece, como riqueza, poder, etc, não podem ser conservados nem usados sem os amigos (VIII, 1, 1.155 a 1).[10]

O que me chama a atenção na citação acima é que "Os antigos tiveram da Amizade um conceito muito mais amplo do que o admitido e usado hoje em dia, [...]". Compreendo que não é só uma questão de conceito, mas de prática. Observo pela vida de meus pais. Como há uns anos atrás era possível construir amizades duradouras e leais, sem se pautar no interesse. Hoje, numa sociedade em que todas as coisas passaram a ser descartáveis, inclusive os relacionamentos, podemos dizer que a compreensão e a prática em relação ao conceito de amizade deixam muito a desejar!

Quando olhamos para a Palavra de Deus, encontramos um exemplo fantástico a esse respeito: a amizade entre Davi e Jônatas. Este último era o filho do rei Saul (I Samuel 18: 1-5). Outro exemplo

---

[10] ABBAGNANO, Nicolas. **Dicionário de Filosofia**. 5. ed. Tradução da 1ª edição brasileira coordenada e revista por Alfredo Bossi; revisão da tradução e tradução os novos textos Ivone Castilho Benedetti. São Paulo: Martins Fontes, 2007. p. 37. Grifo nosso.

de lealdade a uma amizade nos é dado pelo próprio Jesus. O seu relacionamento com Lázaro e suas duas irmãs, Marta e Maria. Esse elo é extremamente emocionante! (João 11: 1-46). Essa família era hospitaleira e, por conta disso, construíram uma profunda amizade com Jesus, o mestre, como vemos em Lucas 10:38-42.

Por que fiz todo esse preâmbulo?

Porque desejo compartilhar com você uma amizade regada pelo amor e cuidado mútuo entre três vizinhas nossas.

Desde que passamos a morar em um apartamento, algo nos tem chamado a atenção, ou seja, as atitudes de nossas vizinhas que moram em frente ao prédio onde residimos.

É uma vila, e na quadra onde moram são três casas de frente para nosso apartamento. Tem um casal, uma senhora viúva (algum tempo um filho mora com ela, depois vai para outra cidade) e, na outra casa, moram duas irmãs viúvas também.

Todos os dias, elas varrem a frente das casas, juntam o lixo... Se uma não estiver bem de saúde, as outras fazem o serviço. Se uma precisar, a outra ajuda em alguma atividade da casa, fazem compra se necessário, chamam alguém numa emergência, cuidam a casa uma da outra quando uma delas viaja. Se ajudam e socorrem a outros que aparecem pedindo auxílio. Tomam chimarrão e café juntas em algumas tardes etc. São parceiras nos bons e maus momentos, exercendo o cuidado uma para com a outra.

A atitude dessas vizinhas, cristãs católicas, tem nos impactado em nossa casa. Como é difícil encontrarmos, hoje, exemplos práticos de amizade como esse! Quantas vezes moramos tempo em determinados endereços e mudamos deles como estranhos para nossos vizinhos! Claro, precisamos ser vigilantes. Mas não a ponto de não construirmos parcerias, relacionamentos saudáveis com os nossos vizinhos. A prática do evangelho começa dentro da nossa casa e se estende ao nosso redor. Não adianta querermos ganhar o mundo, evangelizarmos o mundo, se os mais próximos de nós estão se perdendo ou carecendo de auxílio nosso.

Que o exemplo dessas três amigas sirva de reflexão e inspiração para todos nós! E que o Senhor tenha misericórdia de nós pelo tempo desperdiçado em nossas vidas, pelo nosso egoísmo, orgulho. Que jamais venhamos a nos achar "a última bolacha do pacote", ou seja, os mais importantes e necessários. Tenhamos a clareza de que, se não fizermos a nossa parte, Deus levantará outro para fazer. Perderemos o privilégio de servir e ainda teremos que prestar contas ao Senhor por nossa negligência. Que o Senhor o(a) abençoe!!

ORAÇÃO DO DIA:

Que o Senhor nos capacite a avaliar <u>como</u> temos sido como pessoas e amigos;

Que tenhamos coragem de abrir o nosso coração e entendimento para o que o Senhor nos ensine, na prática, sobre o que é servir.

O QUE ESSA VIVÊNCIA ME ENSINA?

| |
| |
| |
| |
| |

VIVÊNCIA 49

UMA VISÃO IMPACTANTE

Texto Bíblico-Base: Atos 27
"Porque esta mesma noite o anjo de Deus, de quem eu sou, e a quem sirvo, esteve comigo" (Atos 27: 23).

Este texto inicial traz o relato do Apóstolo Paulo sobre sua viagem num navio com destino a Roma, pois este se encontrava preso e deveria ser apresentado a César, o imperador. O ápice desse texto não é o fato de ele estar preso, mas sim uma grande tempestade enfrentada em alto-mar, por todos os que ali estavam, e o grande livramento de Deus, claro que após muitas perdas materiais, emocionais etc.

O que me chama a atenção aqui é o versículo em negrito logo acima. Como Deus é infinitamente maravilhoso e bondoso para conosco! De alguma forma, Ele sempre se manifesta em meio às tempestades vivenciadas por nós, independentemente da forma ou da intensidade com que venham a nos atingir.

Nesse caso, a manifestação de Deus foi por meio do anjo do Senhor que lhe apareceu em sonho, trazendo-lhe uma Palavra de esperança e conforto. Assim sendo, Deus, mais uma vez, certifica a sua presença e poder na vida de Paulo.

Por várias vezes, encontramos pessoas na Bíblia sendo visitadas por anjos do Senhor, seja em sonhos, visões ou em manifestações reais. Estes sempre trouxeram algum tipo de mensagem, conforto, livramento, direção etc.

Recordo-me que, em 1995, quando eu enfrentava um dos problemas que julgo o mais sério da minha vida, a falência de um negócio (assunto esse já compartilhado na vivência 2 deste livro), eu tive uma das experiências mais marcantes com o Senhor.

Confesso que naquele tempo experimentei angústias profundas na minha alma. Posso dizer como o salmista: "Os cordéis da morte me cercaram, e angústias do inferno se apoderaram de mim; encontrei aperto e tristeza" (Salmo 116:3). Foram meses de cobranças, ameaças, comparecimento diante de juízes, mas o pior julgamento veio de irmãos da própria igreja da qual eu fazia parte. O que estava acontecendo não era correto da minha parte, pois envolvia débitos; eu só precisava de tempo para solucionar caso a caso. Mas o que eu percebia pelas atitudes dos irmãos é que eu era a única pecadora daquela congregação e que ninguém ali havia fracassado em algum projeto profissional/financeiro em sua vida.

Diante desse quadro, certa noite, após minha meditação na Palavra, como era de costume, orei e chorei muito aos pés do Senhor. Adormeci de tão cansada. Naquela madrugada, eu acordei e vi um ser todo de branco transparente sentado aos pés de minha cama a me observar.

Acordei, e logo em seguida ele desapareceu. A mensagem que eu compreendi naquela noite, pelo momento em que eu estava passando, era a de que o Senhor não havia me abandonado e que estava comigo para me guardar e fortalecer. Que visão e visitação fantásticas foram aquelas!

Daquele dia em diante, eu me senti revigorada. Minha esperança foi fortalecida. Eu tinha convicção de que todos poderiam me abandonar e me julgar, mas que eu continuava tendo o principal: a presença do Senhor.

Não sei se você crê assim, mas, por essa e tantas outras experiências que já tive com o Senhor, eu creio que Ele tem as suas diferentes formas de se apresentar e de se comunicar conosco, principalmente nos momentos de maiores lutas e conflitos. Jamais deveremos colocar Deus e a sua forma de se manifestar ao ser humano numa caixinha, determinando como, onde e a quem se manifestar. Ele é Deus, e tudo e todos estão debaixo do seu domínio. Glórias a Ele por isso!

Não sei se você hoje está vivendo um tempo de lutas e conflitos, mas uma coisa eu tenho a lhe dizer "[...] há esperança para a árvore que, se for cortada, ainda se renovará, e não cessarão os seus renovos" (Jó 14:7). Creia nessa Palavra. A pessoa que fez essa afirmação — Jó — sabia muito bem sobre o que e quem estava falando, afinal ele renasceu das cinzas pelo poder daquele que a tudo e todos governa, o nosso Deus. Aleluia. Que o Senhor o(a) abençoe!

ORAÇÃO DO DIA:
Que o Senhor implante em nossos corações e mentes a convicção de que Ele nunca nos abandonará, ainda que amigos e família nos abandonem nos momentos mais difíceis de nossas vidas;

Que o Senhor nos dê a capacidade de discernir quando, como e onde Ele está se manifestando a nós;

Que o Senhor nos encha, hoje, do seu Espírito de fortaleza para que possamos nos levantar para cumprir os propósitos que Ele tem para conosco nesta terra. Amém.

O QUE ESSA VIVÊNCIA ME ENSINA?

VIVÊNCIA 50

A APOSENTADORIA CHEGOU: PLANOS FRUSTRADOS

Texto Bíblico-Base: Provérbios 19
"Muitos propósitos há no coração do homem, porém o conselho do Senhor permanecerá" (Provérbios 19:21).

Antes de iniciar a escrita desta experiência, meditei um pouco sobre o assunto e, mais uma vez, compreendi como muitas vezes nos deixamos ser enganados pelos nossos corações, nossos desejos e vontades! Não poucas vezes, somos levados pelo que vemos e ouvimos no plano físico, no qual vivemos, e não nos apercebemos que no plano espiritual as regras e os valores são outros. Compreendo por que o profeta Jeremias nos alerta "Enganoso é o coração, mais do que todas as coisas, e perverso; quem o conhecerá?" (Jeremias 17:9).

Ninguém nos conhece na essência, nem nós mesmos; o único capaz de revelar quem realmente somos é o próprio Deus. Tanto que o salmista, o rei Davi, traduz em palavras o que Deus é por meio de seus atributos, como: onipresença, onisciência e onipotência. Deus é o único que nos conhece por dentro e por fora e que, mesmo antes de expressarmos qualquer palavra, esta já é de seu conhecimento e entendimento.

Quando medito no Salmo 139, reconheço a minha pequenez e a minha insignificância no que diz respeito ao controle de minhas ações, reações, desejos e vontades. Este também me faz perceber a arrogância que faz parte do cotidiano de todos nós seres humanos: uns querendo ser mais que os outros, muitas vezes por possuírem um pouco mais de recursos ou conhecimento em relação ao outro, subestimando assim a essência, a sabedoria, as habilidades de cada pessoa.

Por essas e tantas outras razões, necessitamos, a cada dia, pedir ao Senhor que nos capacite a alinhar os nossos corações e mentes com os céus. Só assim seremos capazes de ter as nossas vontades e desejos controlados pelo Espírito Santo por meio do conhecimento de sua Palavra. Somente assim compreenderemos que o único que tem o controle de nossas vidas e projetos é o próprio Senhor. Nada sucederá a nós se ele não liberar o veredito, ou seja, o seu sim e amém.

Por que fiz essa pequena introdução?

Minha cunhada e amiga, única irmã de meu esposo, já morava há alguns anos na Espanha, era envolvida na igreja evangélica que escolheu para ser membro, coordenava uma célula muito abençoada em sua casa. Sempre nos instigava a mudar para lá após minha aposentadoria.

Em 2017, fizemos uma viagem por Portugal e Espanha. Ficamos alguns dias em sua casa, visitamos sua igreja, participamos da célula em sua casa... Enfim, passeamos muito por aquele país em sua companhia e de seu esposo espanhol.

Depois dessa confirmação *in loco*, ficamos convencidos de que minha cunhada tinha razão. Era tentadora a proposta. É uma cultura muito diferente da nossa. Muita qualidade nos serviços prestados à população, limpeza, educação, produtos alimentícios com qualidade e a preços excelentes (pelo menos naquele tempo; depois de tantas crises mundiais os preços mudaram, mas não tanto quanto os nossos).

Ao voltarmos para nossa cidade no Brasil, "caímos na real". Estava existindo uma crise na política municipal. Imagina... Ruas exageradamente esburacadas, serviços públicos de péssima qualidade, atendimento à saúde precário, desrespeito no trânsito, produtos nos mercados estragados (principalmente frutas, legumes e verduras), preços absurdos... Isso tudo, e tantas outras razões, só reforçava o nosso desejo de ir embora, pelo menos por um tempo, de nosso país.

A partir de maio de 2018, Deus começou a desenhar o cenário para nós. Não era nada favorável ao que nós almejávamos. Nesse tempo, a saúde de minha sogra começou a apresentar sinais de que algo não estava bem; não muito tempo depois recebemos o diagnóstico de que ela estava com Alzheimer.

Confesso que nesse momento o nosso castelo começou a ruir. Após muitas idas e vindas a médicos e de conversas com colegas de trabalho e amigos, percebemos que teríamos uma longa caminhada em relação ao cenário que se descortinava diante de nós. E realmente foi uma caminhada dolorosa, embora mais curta do que imaginávamos.

Em outubro de 2019, eu me aposento, e o quadro de saúde de minha sogra só complicava. Para completar, no início do ano seguinte, como é sabido de todos, a pandemia expande-se pelo mundo, e minha cunhada fica impedida de vir ao Brasil para ver sua mãe e nos auxiliar quanto aos cuidados de que necessitava.

Quando pensávamos que estávamos no nosso limite de nossa capacidade de suportar tantas batalhas, o ano de 2021 inicia mais sombrio do que já estava para nós. Minha cunhada recebe um diagnóstico de um câncer agressivo em seu pulmão e em 12 de fevereiro falece, sem que nenhum de nós da família pudesse comparecer ao seu funeral, a não ser seu filho, que já morava lá, seu esposo e alguns amigos por conta da pandemia. E, para fecharmos o quadro, em 5 de setembro do mesmo ano, após 59 dias de internação e de nossas idas e vindas ao hospital, minha sogra falece.

Nada do que planejávamos para as nossas vidas até o início de 2018 aconteceu no sentido de pós-aposentadoria. Como o Senhor foi, é e continuará sendo soberano, em nossas vidas!

O que eu mais uma vez aprendo com isso?

É como se, a cada peça do quebra-cabeça que ia sendo colocada, Deus nos dissesse:

1. Miriam e Hélio, vocês estão compreendendo que eu sou o único que tem o controle de tudo e de todos?

2. Que lá não é o lugar que tenho reservado para vocês neste tempo?

3. Que os planos de vocês necessitam estar alinhados aos meus propósitos?

Caro leitor, como foi difícil digerir todos esses acontecimentos! Nós passamos literalmente pela prensa que tira o óleo mais fino da Oliveira. No ditado popular, diríamos: "ficamos só o bagaço".

Hoje, permanecemos em nosso país desenvolvendo nossos projetos pessoais e produzindo para o crescimento do Reino daquele que tudo tem em suas mãos e que é o nosso sim e o nosso Amém. A ele, o Alfa e o Ômega; o Princípio e o Fim, seja a glória ontem, hoje e eternamente. Que o Senhor o(a) abençoe!

ORAÇÃO DO DIA:

Que o Senhor nos capacite a compreender que tudo e todos nesta terra se movem sob o seu domínio e vontade;

Que todos os nossos planos e desejos necessitem estar alinhados com os céus para que se materializem sobre a terra. Amém.

O QUE ESSA VIVÊNCIA ME ENSINA?

VIVÊNCIA 51

A MANIFESTAÇÃO SOBRENATURAL DE DEUS EM TEMPOS DE ANGÚSTIA

Texto Bíblico-Base: Salmo 34
"O anjo do Senhor acampa-se ao redor dos que o temem, e os livra";
"[...] Os justos clamam e o Senhor os ouve, e os livra de todas as angústias" (Salmo 34:7 e 17).

Eu não sei se você crê que Deus é perito em agir de forma sobrenatural em nós, por nós e por meio de nós. Se não, quero desafiar você a viver experiências assim com ele uma vez que a Bíblia é recheada de experiências onde Deus agiu de maneira inexplicável aos olhos humanos trazendo vitórias, libertações, curas, livramentos etc.

Uma certeza eu tenho: o anjo do Senhor acampa-se ao meu redor porque eu o temo, e também ele me ouve e me responde em tempos de angústias. Se não fosse assim, eu não estaria nesta terra podendo compartilhar com você essas minhas vivências.

O ano era 2007, morávamos em um bairro quase central, aparentemente muito tranquilo. Nesse tempo, meu esposo cursava Teologia numa faculdade cristã na região central de nossa cidade, Campo Grande/MS. Como estávamos sem carro naquela época, ele ia de ônibus ou a pé, dependendo do tempo e da coragem rsrsrs.

Certa noite, o professor que ministrava as aulas antes do intervalo faltou e, portanto, os alunos só teriam aula bem mais tarde. Ele decidiu que não esperaria e, como estava cedo ainda, resolveu ir embora a pé para casa. Só não esperava que no caminho, no centro da cidade, seria surpreendido por homens maus que lhe roubaram relógio e dinheiro de sua carteira além de machucá-lo.

Esse acontecimento desencadeou nele a "síndrome do pânico", que graças a Deus e tratamento com profissionais, como psicólogo e psiquiatra, foi sarado. Mas foi necessário passar por um processo doloroso. Eu precisava sair todos os dias para trabalhar, e ele ficava sozinho em casa. Íamos nos falando por telefone.

Quem já passou por esse processo sabe que muitas vezes o inimigo aproveita a fragilidade emocional da pessoa para sugerir, entre tantas coisas, o dar fim à própria vida. O bom é que sempre ele compartilhava essas coisas comigo, e a minha preocupação é que morávamos no primeiro andar de um prédio, o suficiente para causar danos à sua vida.

Certo dia, ele ficou na janela, e eu percebi que ele acenou muitas vezes para mim dando tchau, além do que era normal. Sempre ele fazia isso e depois voltava para dormir um pouco mais por conta dos remédios. Diante dessa atitude, eu fiz a seguinte oração do outro lado da rua enquanto esperava uma carona: "Senhor, ele é teu servo. O Senhor tem propósitos na vida dele e na minha. Quando ele voltar a deitar, pinga uma gota do teu sangue nos ouvidos dele para que nunca mais ele ouça vozes estranhas a não ser a voz do Senhor. Liberta-o!".

Quando eu voltei do trabalho, no final da tarde, ele me disse: "Miriam, hoje pela manhã eu tinha a intenção de tirar a minha vida, por isso eu dei muito tchau para você como despedida. Logo depois, eu voltei a deitar e, ao dormir, algo aconteceu: eu senti que um líquido foi pingado em um de meus ouvidos e eu ouvia como se fossem dois anjos conversando em uma língua que eu não conhecia. Eu ouvia como se eles tivessem uma bandeja, e nela existia algo que eles estavam utilizando naquele momento. Eu fiquei tão maravilhado e ao mesmo tempo com medo que nem abri os olhos. Fiquei quietinho ouvindo até eles pararem de falar. O meu sono acabou, me levantei e passei o dia muito bem".

Diante disso, eu contei para ele a minha preocupação e a minha oração do outro lado da rua naquele dia. E assim ele foi, a cada dia, fortalecendo-se e vencendo completamente aquela fase de tanto pavor que o prejudicava de sair às ruas sozinho ou estar em meio a grandes públicos.

Hoje só temos a agradecer ao Senhor por essa batalha vencida e por termos a convicção de que aqueles que são escolhidos, chamados pelo Senhor, o inimigo não ceifa. E mais: o Senhor não somente nos ouve, mas nos responde em meio às maiores angústias pelas quais venhamos a passar. O nosso Deus é lindo e tremendo! Que o Senhor o(a) abençoe!

ORAÇÃO DO DIA:

Que o Senhor derrame sobre nós a convicção de que Ele não somente nos ouve, mas nos responde em tempos de angústias;

Que o Senhor preencha o nosso ser a cada dia, trazendo-nos temor e tremor diante da sua Palavra e a certeza de que os anjos dele acampam-se ao nosso redor e nos livra. Amém.

O QUE ESSA VIVÊNCIA ME ENSINA?

VIVÊNCIA 52

QUANDO DEUS FALA E UMA SERVA OBEDECE

Texto Bíblico-Base: João 10
"As minhas ovelhas ouvem a minha voz, e eu as conheço, e elas me seguem" (João 10:27).

É sabido de todos que entre os anos de 1985 até 1995 o nosso país viveu intensas dificuldades no campo político e econômico. A inflação e os juros dispararam, e, na tentativa de contê-los, Planos Econômicos foram implantados em nosso país, como: Plano Cruzado, Plano Collor e a Unidade Real de Valor (URV) até chegar-se ao Plano Real. Esse foi um tempo de incertezas, turbulências, desemprego, congelamento de preços e salários. Além da questão econômica, tivemos o movimento pelas Diretas Já; o falecimento do presidente eleito Tancredo Neves, que nem chegou a assumir o cargo; confisco da poupança dos brasileiros; impeachment de Fernando Collor de Melo em 1992 etc.

É nesse contexto de tempos difíceis (1993-1995) que vivenciei aquela sociedade malsucedida na qual tentei dar continuidade ao negócio até 1995.

Nesse período, eu já tinha uma amiga chamada Carmen. Irmã de oração, muito usada pelo Senhor. Ela dirigia um culto todas as quintas-feiras na igreja batista da qual era membro. Sempre essa irmã era requisitada para visitas nos lares ou pregar em alguma reunião de oração em igrejas de nossa cidade. Todas as vezes que eu podia, ela me convidava, e eu a levava.

Uma certa sexta-feira, eu vivenciei com essa irmã uma das experiências mais impactantes que eu já tive em minha vida. Uma porque a anfitriã da casa foi tão precisa no que ela me falou, e outra, porque ela cumpriu exatamente o que Deus ministrou em seu coração.

Chegamos àquele sobrado, estacionamos o carro um pouco à frente da casa. Naquela época, era um bairro seleto em nossa cidade. Nessa época, eu tinha um Chevet Prata que eu abastecia todo final de tarde, na sexta-feira, para poder cumprir todos os meus compromissos do final de semana na igreja e restante da semana. Mas, naquela sexta-feira, eu não tinha o valor necessário para abastecê-lo nem queria compartilhar com a irmã Carmen, e muito menos desmarcar aquela visita. E, posteriormente, eu passaria na escola dos filhos da irmã para buscá-los e deixá-los em sua casa. Esse era o combinado.

Pois bem, conversamos, compartilhamos a Palavra, oramos por um bom tempo e, no final, a irmã anfitriã pediu licença e saiu da sala por um momento. Ao voltar, ela disse assim: "de quem é o carro que vocês vieram?". Imediatamente a irmã Carmen respondeu: "É da Mirinha". Eu fiquei só observando até onde aquela conversa iria chegar. De repente, a irmã se aproxima de mim e diz: "Enquanto orávamos, o Senhor me disse para dar uma oferta para a dona do carro abastecer o seu carro com álcool". Meu(minha) querido(a) irmão(ã), eu não sabia se ria de alegria ou chorava, pois só eu sabia o que se passava, e, realmente, meu carro só era abastecido com álcool. Nesse momento, a irmã Carmen interrompeu dizendo: "Está vendo, Mirinha, como o Senhor recompensa quem faz a obra dele?". Mas não ficou aí. Aquela irmã presenteou a irmã Carmen com umas camisetas meia estação e ainda lhe deu algumas pastilhas para a sua garganta, que se encontrava um pouco inflamada. Fomos abençoar aquela casa com a Palavra do Senhor e saímos abençoadas.

Eu não me recordo do nome daquela senhora. Nunca mais a vi. Mas uma coisa eu sei: ela foi resposta de Deus na minha vida naquele dia! Sua oferta foi tão generosa que entreguei o dízimo, enchi o tanque do meu carro "de álcool", e ainda sobrou um bom valor que utilizei em outras necessidades.

Algo marcante que aprendi com aquela irmã é que ela tinha uma íntima comunhão com o Senhor, pois a Palavra de Deus afirma que Ele se revela para aqueles que lhe são íntimos. E mais: ela foi de uma obediência incrível aos detalhes que Deus lhe disse a meu respeito naquele momento. Ela semeou generosamente em minha vida e na vida da irmã Carmem. Deus sabia o que necessitávamos naquele momento e buscou uma alma generosa que podia nos abençoar, que possuía um coração de serva. O Senhor é perfeito em todas as suas ações. A Bíblia diz: "Aquele, pois, que sabe fazer o bem e não o faz, comete pecado" (Tiago 4:17).

Mais uma vez, aqui eu aprendo que devo, apesar de qualquer circunstância, ser uma serva obediente ao que o Senhor falar. Devo semear com generosidade na vida das pessoas que passam por minha vida, ainda que eu não veja cumprida alguma promessa que o Senhor me tenha feito.

Quando falo de semear com generosidade, não estou falando somente de dinheiro/financeiro. Muitas vezes, uma atenção, um afeto, uma visita, um encaminhamento, uma oração, uma carona, um alimento, um remédio etc. Existem inúmeras formas de semearmos na vida das pessoas que passam por algumas provações/necessidades momentâneas.

Que sejamos servos e servas abençoadoras para que o Reino do Senhor seja estabelecido em nossas vidas e através de nossas vidas em nossa nação brasileira. Que Deus o(a) abençoe!

ORAÇÃO DO DIA:

Que o Senhor produza em nós corações que se submetam a serem servos dele;

Que o Senhor nos capacite a ser generosos, semeando na vida de todos aqueles que de alguma forma estejam necessitando de algo que podemos fazer ou ofertar;

Que o Senhor nos ajude a buscar uma comunhão íntima com Ele a tal ponto que venha a se revelar a nós de maneira que o compreendamos. Amém.

O QUE ESSA VIVÊNCIA ME ENSINA?

VIVÊNCIA 53

MINISTÉRIO DO TRABALHO: O CUIDADO DE DEUS PARA COMIGO

Texto Bíblico-Base: II Crônicas 20
"Nesta batalha não tereis que pelejar; postai-vos, ficai parados, e vede a salvação do Senhor para convosco, ó Judá e Jerusalém. Não temais, nem vos assusteis; amanhã saí-lhes ao encontro, porque o Senhor será convosco" (II Crônicas 20:17).

Todos nós, cristãos, quando interpelados sobre nossa fé, declaramos veementemente que confiamos em nosso Deus diante de toda e qualquer situação.

Difícil é quando o Senhor, diante de algo que Ele está tratando conosco, vem e coloca a nossa fé à prova. Diante de uma situação como essa, só nos restam duas alternativas: ou escolhemos crer, ou escolhemos descrer.

Se a nossa escolha for crer e fizermos conforme as orientações que o Senhor nos der, com certeza experimentaremos o agir de Deus a nosso favor à semelhança do rei Jeosafá.

No início deste livro, compartilhei uma vivência sobre a escolha errada que fiz ao fazer parte de uma sociedade quando jovem. Isso me causou muita "dor de cabeça" e até problemas na Justiça do Trabalho, mas em todas essas circunstâncias o Senhor foi me dando vitórias, e uma delas passo a compartilhar com você agora.

Ao encerrar a tal sociedade, eu optei por ficar mais um ano com aquela Escola Infantil, na esperança de conseguir alavancar o negócio. Nesse tempo, eu precisava de alguém para vigiar aquele espaço, principalmente no período noturno. Tornava-se tranquila essa decisão, pois nos fundos do espaço escolar havia uma boa edícula.

Com o passar do tempo, alguém me indicou um senhor aposentado que pagava aluguel e estava à procura de um emprego. Conversamos, e ele solicitou que não fosse registrado, pois já era aposentado. Fizemos um contrato com todas as cláusulas especificadas: o que ele receberia, benefícios, horário de trabalho etc. E assim, mês a mês, os recibos eram assinados.

Após um ano de tranquilidade, recebo uma intimação da Justiça do Trabalho. Aquele senhor estava requerendo um valor exorbitante alegando que, por morar naquele local, ele atuava como vigia em tempo integral, não recebendo por esse serviço e que, portanto, sua saúde estava desgastada.

Ele estava respaldado pela justiça gratuita. Eu não tinha condições de contratar um advogado naquele momento, e a minha decisão foi ir aos pés do Senhor e clamar por uma direção e livramento. Assim fiz, como também relatei todos os fatos por escrito, juntando todos os documentos de que dispunha, e, no dia marcado, fui ao Ministério do Trabalho.

Lá chegando, descobri que havia um profissional denominado juiz classista que era responsável por ouvir o empregador. E, pasme, o juiz classista era um conhecido meu, advogado, filho de um importante empresário cristão em nossa cidade que já havia passado por uma situação semelhante a que me levou àquele lugar. E ele me deu um conselho que nunca vou esquecer: "Miriam, jamais se iluda com pessoas desse tipo. A princípio, concordam e depois se esquecem até do que foi acordado e assinado. Meu pai, por querer ajudar alguns, também passou por processo semelhante ao seu".

> Os juízes classistas eram juízes leigos, ou seja, que não precisavam ser formados em direito, e que eram indicados por sindicatos de empregadores e de trabalhadores para mandatos temporários na Justiça do Trabalho – sem aprovação em concurso público, portanto. A figura foi extinta do ordenamento jurídico brasileiro por emenda constitucional (n° 24/99).[11]

---

[11] Disponível em: https://www.gov.br/agu/pt-br/comunicacao/noticias/agu-e-contra-equiparar-salario-de-juiz-classista-ao-de-juiz-aprovado-em-concurso--799219/. Acesso em: 9 set. 2024.

Naquela audiência, o juiz responsável por julgar aquela causa deu parecer favorável a mim, ficando eu responsável por pagar àquele senhor apenas um valor como forma de rescisão de contrato, que jamais se igualava à quantia requerida por seu advogado. E ainda parcelado em quatro vezes.

Os dias se passaram e chegou aos meus ouvidos que aquele senhor era acostumado a trabalhar um tempo em determinado lugar e depois levar os seus patrões à justiça do trabalho.

Aprendi com tudo isso que o nosso espírito precisa estar sempre afinado com o Senhor e a sua Palavra para que não façamos escolhas que logo à frente poderão nos causar muitos constrangimentos, proporcionando assim perdas financeiras, emocionais, espirituais e até morais.

Para isso, também necessitamos pedir por um dom que poucos de nós pedimos ao Senhor: o dom do discernimento. Este, sim, nos fará ver além do que os nossos olhos humanos veem. As nossas decisões não podem ser pautadas apenas no que os nossos corações sentem, pois a própria Palavra de Deus nos alerta que "Enganoso é o coração, mais do que todas as coisas, e desesperadamente corrupto; quem o conhecerá?" (Jeremias 17:09). Estejamos atentos aos sinais que o Senhor nos dá.

Nesse curto período de tempo, nessa sociedade já mencionada por mim, passei por um dos processos mais dolorosos da minha vida, pois vivenciei perdas que envolveram não só o financeiro, mas o bom nome, as emoções se abalaram, como também o espiritual.

Outro aspecto que pesa em situações como essa é o abandono por parte das pessoas, principalmente por parte daquelas que você julgava serem suas amigas. O positivo disso é que você passa a conhecê-las e que, na realidade, são poucas.

Hoje, tenho clareza de que passei por esse processo porque não tinha maturidade e conhecimentos suficientes para aquele tipo de negócio, pois era bem jovem; não tive discernimento para ler os sinais que o Senhor estava me dando, decidindo muitas vezes com o "excesso de coração e pouca razão". Mas aprendi também que "jugo desigual" não se refere apenas a casamento, mas a negócios, amizades etc. Que o Senhor o(a) abençoe!

ORAÇÃO DO DIA:

Que o Senhor nos dê ouvidos de discípulos e corações ensináveis;

Que o dom do discernimento seja derramado sobre nossas vidas para que haja sabedoria ao tomarmos as decisões necessárias em nossas vidas;

Que o Senhor nos ajude a ler os sinais dados por ele para que não sejamos aprisionados pelos laços do inimigo de nossas almas, muitas vezes representados por pessoas e circunstâncias. Amém.

O QUE ESSA VIVÊNCIA ME ENSINA?

VIVÊNCIA 54

MARCAS DE UMA INFÂNCIA SAUDÁVEL: EBD E DEVOCIONAL DIÁRIA

Texto Bíblico-Base: Provérbios 22
"Ensina a criança no caminho em que deve andar, e, ainda, quando envelhecer, não se desviará dele" (Provérbios 22:6).

Esse capítulo do livro de Provérbios é tão precioso quanto outros nesse mesmo livro, pois nos apresenta uma série de conselhos para a nossa vida prática. Sábio(a) é todo(a) aquele(a) que ler e buscar em Deus as devidas condições para aplicá-los à vida diária.

Eu não sei se você é da geração em que os pais frequentavam a Escola Bíblica Dominical (EBD) em alguma igreja cristã evangélica em que cada aluno(a) recebia uma revista para estudo. Se sim, você se lembrará de que nessa revista existiam textos relacionados à lição do domingo seguinte, os quais denominavam de leitura diária.

Os adultos, no caso de minha família, recebiam os chamados Pontos Salientes, que também tinham textos para a leitura diária. Nós éramos membros de uma igreja batista na zona rural, por sinal muito legal de se frequentar.

Pois bem, os meus pais, apesar de pouca formação escolar, internalizaram um *habitus* (uma prática) familiar. Todas as noites, depois do chimarrão, era realizado o culto doméstico à mesa. Sempre alguém era escalado para a leitura diária daquele dia, podia-se fazer comentários, cantávamos um hino, orávamos, e, em seguida, o jantar era colocado à mesa para que nos alimentássemos todos juntos, inclusive pessoas que trabalhavam na fazenda ou visitantes, que nunca faltavam rsrsrs.

Quando eu lanço luz sobre essas memórias de minha infância e início de minha adolescência na fazenda, concluo que, naquele

233

tempo de gestação de minha mãe, na minha infância e adolescência, foram lançados os alicerces que me sustentariam durante toda a minha trajetória de vida. Ali eu fui nutrida pelo afeto de meus pais, pela disciplina, pela Palavra de Deus, pela oração, pelo ensino. E, além do mais, tudo isso à mesa. O pão da presença, o próprio Jesus, fazia parte todas as noites de nossas refeições, pois a primazia era dada a Ele, naquele momento de devocional. Assim, o meu coração, o de meus irmãos e tantos outros que por ali passaram, com certeza, foram fortalecidos e curados, pois é comprovado que esse *habitus* à mesa produz cura, fortalece os corações e traz refrigério à nossa alma. Ali, eu, definitivamente, descobri a minha identidade. Cresci, não muito rsrsrs, tendo a convicção de quem eu era em Deus, filha amada, e que, por essa razão, nada nem ninguém poderia ou pode me remover dessa posição que ocupo em Cristo. Sempre digo ao meu esposo que, se eu não tivesse essa base familiar cristã enraizada, não teria suportado muitos reveses e tempestades até aqui.

Quando eu olho para a Palavra de Deus e para o que o sociólogo francês Pierre Bourdieu (2008, p. 126) nos afirma sobre o papel e o valor da família, percebo uma profunda conexão. Esse autor entende que "a família é o lugar da confiança (*trusting*) e da doação (*giving*)". Ele compreende que a família é o primeiro grupo social do qual fazemos parte e que, portanto, a família é a primeira responsável pela socialização primária dos filhos. E mais: "sobre o *habitus* primário enxertam-se, ao longo do vivido do agente, *habitus* secundários entre os quais é preciso sublinhar a importância particular do *habitus* escolar que vem, em regra geral, continuar e redobrar o *habitus* familiar".

Não tenho nenhuma dúvida de que o meu bom desempenho escolar durante toda a minha trajetória estudantil e, também, na vida profissional teve sua origem na minha base familiar. Outra grande contribuinte foi a igreja batista devido às estratégias utilizadas na Escola Bíblica Dominical (EBD), pois todos os domingos nas classes, conforme a faixa etária, eram feitas chamadas e eram cobrados: leitura diária (além daquelas do culto em família à noite, cada um fazia a sua conforme sua revista), estudo da lição, exercícios da lição e visitantes (quem levava contava pontos). Ao final do trimestre, havia uma premiação. Dessa forma, em um segundo grupo social, a igreja, foram enxertados *habitus* secundários que refletiram positivamente em minha trajetória estudantil e profissional, pois para isso uma vida de disciplina, organização e responsabilidade era necessária.

É importante a família ter clareza de que, tanto na escola/universidade quanto na igreja ou em tantos outros grupos sociais pelos quais seus filhos transitarem, as ações/atitudes deles sempre serão o reflexo de tudo que ouviram, viram e experimentaram no grupo familiar. A primeira Bíblia, o primeiro livro que seus filhos sempre lerão, será a vida de seus pais. Aqui não cabe o adágio "Faça o que eu digo, mas não faça o que eu faço". A vida de seus filhos fora dos portões de casa será o reflexo do vivido em família sempre. Portanto, "Ensina a criança no caminho em que deve andar [...]" (Provérbios 22:6). Ensinar e educar dá trabalho, mas a recompensa será como favos de mel. Que o Senhor o(a) abençoe!

ORAÇÃO DO DIA:

Que o Senhor nos revista de sabedoria, graça e fortaleza para educarmos os nossos filhos, netos e bisnetos no temor dele;

Que o ensino e a educação espiritual e secular de meus filhos recebam um lugar de prioridade e urgência em meio a uma sociedade com princípios tão distorcidos da Palavra de Deus;

Que a identidade de minha família e cada um de seus membros seja fortalecida todos os dias pela nossa prática do amor a Deus, à sua Palavra e do afeto de uns para com os outros. Amém.

O QUE ESSA VIVÊNCIA ME ENSINA?

VIVÊNCIA 55

QUANDO FAZEMOS ESCOLHAS PELA APARENTE SEGURANÇA E TRANQUILIDADE

Texto Bíblico-Base: Provérbios 1
"Mas o que me der ouvidos habitará em segurança, e estará livre do temor do mal"
(Provérbios 1:33).

Sempre ouvi especialistas da área de Psicologia dizendo que jamais devemos tomar decisões importantes em nossa vida em momentos de muita alegria ou de muita frustração e tristeza.

Aliada a essa ideia está a Palavra de Deus com inúmeros conselhos sobre a importância de sermos sábios em nossas decisões.

Não obstante a todos esses conselhos, não são poucas as decisões inadequadas tomadas por todos nós ao longo de nossa caminhada, e, sendo assim, algumas consequências indesejadas batem às nossas portas. Daí a importância de buscarmos o dom do discernimento e a sabedoria. Necessitamos estar alinhados com o Senhor e a sua Palavra sempre.

Houve um tempo em nossas vidas, logo no início de nosso casamento, que decidimos por alugar uma outra casa no mesmo bairro onde já morávamos. Encontramos uma casa muito agradável, novinha, muros altos e uma grade, também alta e reforçada. Logo demos entrada nos papéis, tudo deu certo. Que alegria! Bairro muito bom, relativamente central, estratégico para eu ir ao trabalho, à igreja etc. Foram uns dois anos de muita tranquilidade.

Com o passar do tempo, descobrimos que aos fundos de nossa casa havia um salão de um grupo religioso totalmente desalinhado ao que a Palavra de Deus nos ensina. E como vivíamos um tempo de muita oração, com meu esposo no seminário, e estávamos desenvolvendo um trabalho social muito abençoado na igreja batista à qual pertencíamos, cremos que aquele grupo não ficou muito feliz com isso.

Logo as retaliações começaram a surgir, sinais nos eram dados de batalha espiritual. Recordo-me que três dias após termos efetuado a entrega de uma casa, construída pela ação social de nossa igreja em formato de mutirão, para uma família carente, ladrões entraram em nossa casa e fizeram "um limpa" em plena tarde, levando, inclusive, a nossa máquina fotográfica com todo o registro de nosso projeto desde o início da casa até a sua entrega.

Não bastasse isso, três meses depois, nossa casa foi novamente invadida, sendo levadas coisas que ficaram anteriormente. E no ano seguinte, ao voltar do seminário a pé numa certa noite, no centro da cidade, meu esposo foi atacado e roubado. Ele apanhou muito ao se defender, chegando à casa transtornado.

Confesso que toda aquela tranquilidade na qual vivíamos transformou-se em um grande pesadelo para nós dia após dia. Sentimentos de impotência e insegurança passaram a fazer parte de nosso dia a dia até que mudamos daquela casa. Muitas interrogações passaram pela nossa cabeça, afinal nossas vidas estavam envolvidas com assuntos relacionados ao Reino.

Compreendemos que nesse tempo o Senhor tinha algo a tratar conosco e muito a nos ensinar. Uma das lições básicas é a de que Deus nunca deixará de ser Deus, mesmo que nós, seus filhos, sejamos açoitados pelas circunstâncias adversas da vida. O que Ele é e nos promete permanece inalterado. Quem necessita reavaliar suas intenções e ações somos nós, seus filhos, e nos submeter aos seus ensinos, às suas correções. A promessa aí está: "Mas o que me der ouvidos habitará em segurança, e estará livre do temor do mal" (Provérbios 1:33). Ele sempre nos corrigirá como um pai de excelência, pois quem ama corrige, educa.

Em momentos turbulentos como esses acontecidos conosco, necessitamos voltar o nosso olhar para o que diz o salmista Davi, o rei que foi chamado "o homem segundo o coração de Deus" (Atos 13:22): "Tu és o lugar em que me escondo; tu me preservas da angústia; tu me cinges de alegres cantos de livramento" (Salmo

32:7). O salmista exorta a todos nós a buscar o livramento divino e a nos alegrar no Senhor "[...] tu me cinges de alegres cantos de livramento" (Salmo 32:7b). Nenhuma tempestade é para sempre. Ela serve para mudar as coisas de lugar e levar algumas que não devem permanecer nos lugares onde estão. De alguma forma, ela também promove limpeza. Da aparente desordem podem surgir ideias, ações e decisões que mudarão o rumo de nossa história. Disposição para ouvir e coração inclinado a obedecer à voz do Senhor são ingredientes fundamentais para uma caminhada segundo os propósitos que Ele tem para cada um de nós. "Quem tem ouvidos, ouça o que o Espírito diz às igrejas [...]" (Apocalipse 2:17). Que o Senhor o(a) abençoe!

ORAÇÃO DO DIA:

Que o Senhor nos dê ouvidos e corações ensináveis para discernirmos os bons lugares e caminhos que Ele tem para cada um de nós;

Que as nossas escolhas não sejam pautadas no aparente ou na tranquilidade, mas sim pautadas na direção exata do Senhor;

Que possamos nos alegrar nos livramentos dados pelo Senhor a nós, a cada dia, em nossas vidas. Amém.

O QUE ESSA VIVÊNCIA ME ENSINA?

VIVÊNCIA 56

QUANDO DEUS AGE PARA QUE HAJA CONSERTO

Texto Bíblico-Base: Efésios 4
"Antes, sede uns para com os outros benignos, misericordiosos, perdoando-vos uns aos outros, como também Deus vos perdoou em Cristo" (Efésios 4:32).

Como nós, seres humanos, subestimamos o agir de Deus! É muito comum em nosso dia a dia lermos ou ouvirmos as pessoas expressando: "Deus está no controle".

Com certeza! Deus nunca perdeu e nunca perderá o controle sobre situação alguma que envolva o Universo, a natureza, o ser humano etc. Tanto que os seus principais atributos se referem a Ele como onisciente — sabe de todas as coisas; onipresente — está em todos os lugares ao mesmo tempo; e onipotente — pode todas as coisas. Ele é espírito e é imutável. E esses atributos refletem o próprio caráter de Deus. Um exemplo claro desses atributos de nosso Deus encontra-se no Salmo 139, quando o Rei Davi se derrama na presença dele, reconhecendo assim a sua soberania e a pequenez de todo ser humano diante de sua grandeza.

E mesmo diante de todo esse conhecimento, esse mesmo ser humano ilude-se, achando que tem o controle de sua vida, de suas vontades, de suas escolhas... Quanta ilusão! O mais precioso de tudo isso é que Deus "dá corda" a todo aquele que pensa ter o domínio de sua vida, de suas ações, desejos e escolhas.

Eu gosto muito de um texto quando o rei Salomão aconselha especialmente aos jovens: "Alegra-te, jovem, na tua mocidade, e recreie-se o teu coração nos dias da tua mocidade, e anda pelos caminhos do teu coração, e pela vista dos teus olhos; sabe, porém, que **por todas essas coisas te trará Deus a juízo**" (Eclesiastes 11:09). Há uma versão bíblica que diz: "[...] **por todas essas coisas Deus lhe pedirá conta**". Apesar de o rei Salomão estar se dirigindo aos jovens, num tempo, com certeza, de muitas experiências e amadurecimento, não tenho dúvidas de que nenhuma pessoa pode dizer que esse conselho não lhe diz respeito. Somos livres para decidirmos o que desejamos para as nossas vidas, mas estejamos certos de que o dia da prestação de contas chegará. O Apóstolo Paulo, ao escrever à igreja de Éfeso, afirma: "[...] tudo o que o homem semear, isso também ceifará" (Gálatas 6:7). Uma hora a fatura chega.

A Bíblia é recheada de conselhos e de estratégias relacionadas a todas as áreas de nossas vidas. E a riqueza de tudo isso é que sempre nos é apresentado duas alternativas, deixando-nos livres para as nossas escolhas, mas também cientes quanto às consequências de cada uma delas. Como exemplo, temos Deuteronômio 11:26: "Eis que hoje eu ponho diante de vós a bênção e a maldição; [...]" e ainda "Os céus e a terra tomo hoje por testemunhas contra vós, de que te tenho proposto **a vida e a morte, a bênção e a maldição**; escolhe, pois, a vida, para que vivas, tu e a tua descendência" (Deuteronômio 30:19). A decisão sempre estará em nossas mãos.

Hoje, eu desejo compartilhar uma experiência vivida por minha família, mas mais especificamente por meu esposo.

No mês de junho de 2016, a saúde de meu pai se agravava cada vez mais por conta do diabetes. Por essa razão, eu e meu esposo precisamos sair da tranquilidade daquele condomínio que já comentei anteriormente para uma casa nos fundos da casa de meus pais para podermos, assim, ajudar às minhas duas irmãs a cuidarem dele e também de minha mãe, que já dependia de alguns cuidados nossos. Aos nossos olhos, esse era o desafio maior que enfrentaríamos naquele tempo, para nós incerto e indeterminado.

Mas Deus é sabedor de todas as coisas, pois, como diz o profeta Naum: "[...] o Senhor tem o seu caminho na tormenta e na tempestade, e as nuvens são o pó dos seus pés" (Naum 1:3b), ou seja, o problema de saúde que enfrentaríamos não era só o de meu pai, mas também de um tio nosso, irmão mais velho de meu pai, que morava muito próximo a nós, pois era separado de sua esposa e filhos.

O meu esposo, apesar de cristão evangélico, não "engolia" aquele meu tio por sua arrogância e desprezo ao se referir aos crentes, apesar de toda minha família ser cristã evangélica e ele frequentar a nossa casa.

No mês de julho daquele mesmo ano, esse meu tio passa por dois AVCs (Acidente Vascular Cerebral). Os filhos ignoraram o caso, e nós precisamos assumir todos os seus cuidados, trazendo-o para dentro da casa de meus pais, pois essa era a única maneira de amenizarmos as dificuldades quanto ao acompanhamento, agora de dois adultos, meu pai e ele.

Você é capaz de "adivinhar" quem é a pessoa que passará a atender meu tio diretamente no quesito banho, troca de fraldas etc.?

Sim, o meu esposo, que não o "engolia", que não tinha nenhum apego a ele. Os dias foram se passando, e os dois se tornaram grandes amigos. Meu esposo o conduziu a Cristo, pois todos os dias falava sobre Jesus para ele e sobre a necessidade de aceitá-lo.

O Senhor levou o meu pai em 5 de maio de 2017, mas esse meu tio viveu sob nossos cuidados até agosto de 2021, embora tenha vivido um tempo em um asilo, como já mencionei anteriormente. Algum tempo antes de partir, meu pai fez dois pedidos a nós: "cuidem de sua mãe e cuidem de seu tio". Assim o fizemos apesar de não ter sido nada fácil no sentido de investimento de tempo, serviço, financeiro e emocional. Mas o mais compensador foi vê-lo convidando Jesus para morar em seu coração, sua gratidão a nós e, principalmente, o conserto que o meu esposo fez com ele.

Nesse contexto, escolhemos ser benignos, misericordiosos e ainda o perdoamos por sua ignorância ao se referir aos "crentes", tão criticados por ele. Procuramos demonstrar a ele o amor que Jesus requer de nós para com todos, na prática. E assim o levamos a Cristo. A salvação desse meu tio era a maior preocupação de meu pai, pois este sempre orou muito por ele. Só não imaginávamos que o Senhor usaria dessa circunstância para que isso fosse possível.

Literalmente, o Senhor agiu na vida de meu tio para que houvesse dois consertos essenciais: um, na vida de meu esposo para que o perdoasse e o conduzisse a Cristo; e outro, na própria vida dele, para a sua própria salvação.

Deus sabe ou não sabe de todas as coisas? Deus é poderoso ou não é poderoso? Deus está ou não está presente em todos os lugares e circunstâncias? Ele é ou não é soberano? Ele sabe ou não como conduzir todas as coisas em nossas vidas? Que Deus o(a) abençoe!

ORAÇÃO DO DIA:

Que o Senhor nos capacite a ser bondosos, misericordiosos e perdoadores para com todos aqueles que nos ofendam ou desprezem a Cristo;

Que o Senhor nos ajude a demonstrar o amor de Deus na prática e não somente em nossos discursos dominicais;

Que o Senhor nos capacite a levar muitas outras pessoas a Cristo enquanto há tempo. Amém.

O QUE ESSA VIVÊNCIA ME ENSINA?

VIVÊNCIA 57

ESCOLAS BÍBLICAS DE FÉRIAS (EBFS): O LEGADO DA PROFESSORA CLAYSE CHAVES

Texto Bíblico-Base: Salmo 112
"Ao justo, nasce luz nas trevas; ele é piedoso, misericordioso e justo" (Salmo 112:4).

Você poderia me dizer: "Miriam, a Bíblia diz que não há um justo sequer sobre a terra? Como explicar o versículo acima?".

Realmente, por nossos méritos e virtudes, jamais seremos justos. Todos somos pecadores, mas a partir do momento que convidamos o Senhor Jesus a fazer parte de nossas vidas e propósitos, como nosso Salvador e Senhor, Ele próprio nos declara justos.

Mas, o que é ser justo? É quando nossas ações estão pautadas na justiça, na equidade (igualdade), na razão em equilíbrio com o coração. É quando somos íntegros em nossas práticas, abstendo-nos da parcialidade.

Daí a razão do surgir da "luz nas trevas" conforme o texto que lemos. Ou seja, quando nos propomos a ser justos, no Senhor, Ele lança luz sobre nós e, quando esta luz é lançada, todas as trevas se dissipam. Aí sim, as nossas ações de piedade (compaixão), misericórdia impactarão outras pessoas. O Senhor nos torna benignos porque a sua essência está introjetada em nós. Somente dessa forma conseguiremos agir com justiça, sem imparcialidade; não sacrificaremos a justiça, a verdade em detrimento de questões pessoais, particulares e interesseiras.

Quando penso na saudosa professora Clayse Chaves, eu a considero, independentemente de suas decisões e escolhas, uma mulher justa. O que era, era; não havia rodeios. Suas conversas eram diretas e honestas.

Foi parte muito íntima de nossa família, morando, inclusive, um ano com meus irmãos mais velhos na cidade de Rio Negro/MS, quando exerceu a função de professora na escola daquela cidade, retornando depois para Campo Grande/MS, onde exerceu o magistério até sua aposentadoria. Por essa razão, costumava dizer que também era filha dos meus pais e nossa irmã.

Minha família tem raiz cristã evangélica, e, na região denominada "Falha do Padre", meus pais e vários outros irmãos da igreja, à qual pertencíamos, tinham fazendas e sítios. Lá existia a igreja batista Estrela D'alva. E todos os anos, nas férias escolares do mês de julho, essa igreja tinha por costume realizar uma semana de séries de conferências para os jovens e adultos e Escola Bíblica de Férias (EBF) para as crianças. Esse era um dos acontecimentos mais falados e planejados do ano; o segundo era a celebração do Natal no mês de dezembro.

Todos os anos, quem estava lá era a Clayse, quase sempre acompanhada da professora Orminda Camargo, de Campo Grande também. As duas foram parceiras ano após ano, tanto nas férias de julho quanto em dezembro, no Natal. Servas leais.

Confesso, e muitos que viveram aqueles momentos preciosos em suas infâncias, adolescências e juventude hão de concordar comigo, que as EBFs eram fantásticas. Quanto aprendizado e diversão! Eram férias inesquecíveis. Com certeza, aí está uma referência para mim, ao escolher o magistério como profissão.

A professora Clayse dedicou ao Senhor os dons, talentos, habilidades, saberes que recebeu dele para evangelizar tanto crianças quanto adolescentes, jovens e adultos uma vez que transitava com facilidade por todas essas faixas etárias. Era possuidora de uma criatividade incrível, detalhista, alegre e vaidosa no sentido do cuidado com ela mesma. Era sistemática, mas ao mesmo tempo calorosa, amorosa... Sorriso largo e de muitas gargalhadas, principalmente quando estava junto com os amigos e pessoas mais próximas.

Em seu sepultamento, eu disse e reafirmo aqui: "Clayse faz parte daquelas amizades que estão em extinção. Era amiga de verdade. Estava presente na vida dos amigos em qualquer estação, fosse ela boa ou ruim. De uma generosidade sem tamanho, amava, cuidava e se preocupava com sua família".

Ela voltou para a casa do nosso Pai Celestial aos 84 anos, mas deixou um legado educacional e espiritual. Mostrou e demonstrou, na prática, como se faz com aqueles a quem amamos e também com aqueles que são colocados à nossa frente para o cumprimento de uma missão, seja esta educacional, religiosa ou familiar. Os seus dons, talentos, saberes e habilidades foram usados e aperfeiçoados nessa trajetória. A Deus toda glória. Que o Senhor o(a) abençoe!

ORAÇÃO DO DIA:

Que o Senhor nos capacite a ser e continuar sendo justos em sua presença de tal forma que a nossa justiça possa impactar a outros;

Que o Senhor nos ajude a ser piedosos, misericordiosos e justos em meio a uma geração perversa e corrompida;

Que o Senhor nos ajude a colocar em prática lições deixadas pela irmã Clayse Chaves. Amém.

O QUE ESSA VIVÊNCIA ME ENSINA?

VIVÊNCIA 58

VENCENDO O MEDO DO JULGAMENTO

Texto Bíblico-Base: Gálatas 5
"Estais, pois, firmes na liberdade com que Cristo nos libertou e não torneis a meter-vos debaixo do jugo da servidão" (Gálatas 5:1).

Hoje pela manhã, em minha meditação diária, ouvi a música "Não mais escravos", do Fernandinho, importante cantor gospel de nosso país. Como fui, mais uma vez, impactada por essa canção, pois ela me reportou a um tempo de experiências muito amargas em minha vida e o quanto o Senhor foi e tem sido bom para comigo.

Em outras reflexões deste livro, já compartilhei a experiência de uma sociedade malsucedida e o quanto isso impactou negativamente a minha vida, principalmente em relação à igreja batista da qual eu fazia parte à época.

Como já disse, e volto a reafirmar, não me eximo do erro por entrar em dívidas/sociedade que me levaram a não conseguir cumprir os meus compromissos em dia. O que não concordo é com a forma como irmãos influentes na igreja agiram naquele momento, uma vez que quatro pessoas da igreja faziam parte dos meus credores.

Pelo fato de o problema tomar uma grande proporção entre os irmãos, e por eu ser muito pressionada por esses credores, sendo, inclusive, levada ao Ministério do Trabalho por uma delas, e receber telefonemas e visitas quase que diariamente de outros, inclusive no meu novo emprego; isso, além da vergonha e do medo por conta do que me era dito, algo aconteceu comigo que demorou anos para que eu me libertasse: o medo do julgamento.

Por eu sempre estar envolvida em liderança, não só na igreja, mas anteriormente em cargo ligado à denominação, como professora e depois coordenadora pedagógica do Colégio Batista existente, naquela época, em nossa cidade, o peso sobre os meus ombros se tornou gigante. Foram tempos de muitas angústias que só eu e Deus conseguimos dimensionar. Sempre que recebia um convite para pregar, trazer uma palavra numa igreja, eu evitava participar.

Esse medo do julgamento me paralisou por muitos anos. Até que, em 2022, uma prima do meu esposo, a Luciene, muito usada por Deus, confrontou-me e me fez compreender que eu, durante todo esse tempo, permiti que o inimigo aprisionasse minha mente e minhas emoções com mentiras, tais como: *você é indigna, errada, não tem moral para falar, caloteira etc.*

Ela me aconselhou: "Você vai escolher um dia, escreva o nome de todas as pessoas que lhe feriram naquele tempo e ore, nome por nome, dizendo àquela pessoa o quanto ela lhe feriu, e libere perdão e abençoe a ela e família para que prosperem em todas as áreas de suas vidas, mesmo que você ache que já perdoou a todas elas. Depois rasgue os papéis e, se desejar, queime-os. E declare que você é livre e não mais escrava do medo de julgamentos".

Naquela mesma semana, numa manhã de minhas devocionais diárias, eu fiz isso. Como a partir daquele tempo o Senhor tem feito coisas extraordinárias em meu interior e em minha mente. Hoje posso dizer com inteireza de coração: não tenho medo de julgamentos, eu sou livre. "Não sou mais escrava do medo, eu sou filha de Deus", conforme diz a letra da música citada anteriormente. Aleluiaaa!

Se você, que está lendo esta reflexão, passou ou está passando por situação semelhante à minha ou mesmo em áreas diferentes de sua vida, não permita que o inimigo o(a) paralise com suas mentiras, pois ele é o pai da mentira, e a verdade está em Cristo Jesus, que nos libertou de todas as amarras em nossas vidas. Ele, Jesus Cristo, o filho de Deus, verdadeiramente nos fez livres!

E eu ainda o(a) desafio a fazer o que a irmã Luciene me desafiou a fazer. Não foi fácil, pois fiz um retorno àquela situação, mas valeu a pena! Nada como sentir-se livre em sua mente e emoção.

Aqui vai uma palavra a todos aqueles que pertencem exclusivamente a uma igreja evangélica, sendo líder ou não: jamais se permita ser usado(a) por satanás para aprisionar outras pessoas, independentemente da falha que estas estejam cometendo naquele momento. Muito pelo contrário, se você é um(a) cristão(ã) mais fortalecido(a), estenda a mão para aquele que passa por um momento de adversidade em sua vida, seja na área espiritual, profissional, familiar ou financeira. Quem nunca errou/fracassou nesta vida?! Se há alguém, que atire a primeira pedra.

Eu tenho absoluta convicção de que muitos em meu lugar naquele tempo e naquelas condições adoeceriam física e emocionalmente e não conseguiriam mais se levantar facilmente. Talvez hoje nem quisessem ouvir falar de igreja evangélica, de pastor, de liderança em igreja, irmãos na fé etc.

Mas eu louvo a Deus pelos pais que tive. Estes me ensinaram desde pequena a Palavra de Deus e que, se cairmos/fracassarmos, o Senhor sempre nos levantará, como afirma o rei Davi: "O Senhor sustenta a todos os que caem, e levanta a todos os abatidos" (Salmo 145:14). Aprendi com eles, na prática, o que é fé, determinação e disciplina. É como diz o ditado: "Levantar-se e sacudir a poeira".

Por essa razão, hoje sou o que sou, conquistei o que conquistei, graças unicamente à bondade e misericórdia do Senhor, à criação firme e prática dos meus pais, à presença da minha família e de alguns amigos, de verdade, que fiz fora da igreja, e uns poucos do meio cristão evangélico para aquele tempo.

Depois de toda essa experiência, posso dizer que sei quem eu sou em Deus e jamais permitirei que, novamente, pessoas usadas pelo inimigo possam me paralisar, aprisionar minhas emoções, minha mente e minhas ações. É bem aquele adágio popular: "A roda gira". E mais: "Muitas são as aflições do justo, mas o Senhor o livra de todas" (Salmo 34:19). Aleluiaaa!

Não nascemos para ser escravos do medo, mas sim para ser filhos de Deus. Livres para conquistar tudo aquilo que Ele tem preparado para cada um de nós. Que o Senhor o(a) abençoe!

ORAÇÃO DO DIA:

Que o Senhor nos capacite a compreender a essência do que é ser livre por meio de Cristo Jesus, o filho de Deus;

Que Deus nos ajude a nunca permitir que o inimigo aprisione nossas mentes e sentimentos para que possamos cumprir os propósitos que Ele tem para cada um de nós até que Cristo venha;

Que o Senhor nos livre de ser agentes de opressão e perseguição dentro de nossas igrejas, assassinando irmãos, pelas nossas ações, que estão colocando seus dons, talentos e habilidades em função do Reino de Deus;

Que sejamos mãos estendidas na hora da adversidade para nossos irmãos na fé e não os seus algozes. Amém.

O QUE ESSA VIVÊNCIA ME ENSINA?

VIVÊNCIA 59

A EXPRESSÃO DE FÉ DE UM GAROTO

Texto Bíblico-Base: Hebreus 11
"Ora, a fé é o firme fundamento das coisas que se esperam, e a prova das coisas que não se vêem" (Hebreus 11:11).

O texto acima é muito conhecido de todo aquele que frequenta uma igreja cristã ou que tem por costume ler a Palavra de Deus. Ele se refere à fé, à nossa confiança inabalável em Deus e sua Palavra.

Fé é uma das menores palavras do nosso vocabulário da Língua Portuguesa, mas carrega sobre si um valor inestimável, pois trata de algo que é e sempre será a mola propulsora de todo aquele que se declara crer em Deus e na Bíblia. Não podemos confundir a fé com sentimento. Assim como não podemos achar que Deus está presente em um culto ou reunião só porque sentimos arrepios ou choramos. Eu sentindo ou não, Ele sempre estará ali, pois existe uma promessa feita por Jesus, e Ele e o Pai são um só: "Porque, onde estiverem dois ou três reunidos em meu nome, aí estou eu no meio deles" (Mateus 18:20).

Jesus, ao tratar com seus discípulos sobre a incredulidade deles, pois incredulidade é o inverso da fé, Ele declara: [...] porque em verdade vos digo que, se tiverdes fé como um grão de mostarda, direis a este monte: Passa daqui para acolá, e há de passar; e nada vos será impossível" (Mateus 17: 20). É sabido de todos que a semente de mostarda é a menor das sementes existente sobre a terra. Que paralelo perfeito!

Isso significa que não precisamos pedir ao Senhor que aumente a nossa fé. O resultado não virá pelo seu tamanho, mas sim pela nossa confiança depositada no Senhor. O que precisamos é pedir a Ele capacidade dos céus para colocarmos em prática a pequena fé que já possuímos. O ser humano tende a valorizar o que é máximo, maior, esplendoroso, glamouroso etc., mas o nosso Deus valoriza o que é simples, pequeno, desprezível, insignificante para daí manifestar a sua graça, o seu poder, a sua soberana e perfeita vontade.

Eu tenho uma amiga, irmã Carmem, mulher de oração, intercessora, e ela tem três filhos. O do meio chama-se Samuel. Quando Samuel tinha uns 8 anos, após uma visita que fizemos, eu entrei em sua casa e Samuel, após conversar um tempo comigo, veio com uma pasta preta, tipo uma caixa, sentou-se ao meu lado no sofá e disse para mim: "Miriam, eu tenho 50 fitas desse jogo de videogame". Eu respondi a ele: "Que legal, Samuel! Posso ver?". Ele imediatamente abriu aquela caixa, e, para minha surpresa, tinha somente uma fita. Nesse momento, eu disse a ele: "Samuel, você me disse que tinha 50 fitas!". E para surpresa minha, ele respondeu: "Miriam, pela fé eu tenho as 50 fitas. Você não entendeu?!". Confesso que, por alguns segundos, eu fiquei sem palavras. Depois eu continuei meu diálogo com ele sobre o assunto.

É simples assim! Precisamos pensar e agir como esse garoto. Daí a Palavra de Deus nos afirmar: "[...]a fé é o firme fundamento **das coisas que se esperam**, e **a prova das coisas que não se veem**" (Hebreus 11:11).

Que lição Samuel me ensinou naquele dia! Falar que temos fé é fácil, o difícil é evidenciarmos na nossa prática cotidiana. Nos tempos mais difíceis de minha trajetória pessoal, familiar e profissional, sempre o Senhor me trouxe à memória o que vivenciei com o Samuel, hoje um advogado que tem crescido em sua profissão ainda tão jovem.

O Senhor é perfeito em tudo o que faz. Que Ele a cada dia nos ajude a colocar em prática a nossa fé para esta seja aperfeiçoada e produza muitos frutos dignos de louvor. Que o Senhor o(a) abençoe!

ORAÇÃO DO DIA:

Que o Senhor nos capacite a colocar a nossa pequena fé em ação para que o nome dele seja glorificado em nós e através de nós;

Que o Senhor nos faça compreender que a sua presença sempre estará conosco, mesmo que os nossos sentimentos não nos digam nada. Amém.

O QUE ESSA VIVÊNCIA ME ENSINA?

VIVÊNCIA 60

UM DESEJO REALIZADO

Texto Bíblico-Base: Salmo 145
"Ele cumprirá o desejo dos que o temem; ouvirá o seu clamor, e os salvará" (Salmo 145:19).

Nesse Salmo, o rei Davi, ahhh... o rei Davi! Que apesar de todos os seus acertos e desacertos, o Senhor o classificou como "[...] homem conforme o meu coração, que executará toda a minha vontade" (Atos 13:22). Ele experimentou durante as grandes e pequenas batalhas da vida o que é ser surpreendido pela bondade, grandeza e providência de Deus. Aqui eu aprendo que tudo tem a ver com o nosso coração e nosso temor a Ele.

Eu não sei a qual medida de prova humana você já foi submetido, mas uma coisa eu sei: o Senhor em todas elas passa conosco. Ainda que humanamente nos sintamos sós, abandonados, desprezíveis aos olhos de muitos, o Senhor jamais — repito: jamais — nos abandonará. O rei Davi em outro Salmo nos afirma "O anjo do Senhor acampa-se ao redor dos que o temem, e os livra" (Salmo 34:7).

Foi num tempo de profunda dor na alma e extremo cansaço físico, emocional e espiritual que experimentamos o realizar de um desejo em nossas vidas promovido, claro, pelo Senhor e por aqueles que se deixam ser usados por ele. Para alguns, pode parecer algo tão bobo, mas para nós foi revestido de muito significado.

Em 2021, mais precisamente no mês de fevereiro, meu esposo perdeu sua única irmã, como já dito anteriormente. Eu sempre digo ao meu esposo: "Foi a maior rasteira que levamos em nossa vida", pois foi algo muito rápido e não esperávamos esse desfecho. Eu não perdi apenas uma cunhada, mas uma grande amiga. Mulher de Deus!

Somando-se a isso, eu e ele já cuidávamos de sua mãe que tinha Alzheimer. No dia 15 de julho daquele ano, em plena pandemia, sua mãe foi internada. Daí iniciou nossa *via crucis*, que se estendeu até 5 de setembro daquele ano, quando o Senhor a recolheu. Nesse período, quase 100% da estada em hospital foi minha e de meu esposo. Era um hospital numa das saídas de nossa cidade, portanto muito longe de nossa casa. Íamos muito cedo e chegávamos à casa por volta de 20h30. Levávamos almoço, e na maioria das vezes, quando íamos almoçar, estava frio.

Algumas vezes, comentávamos: "Ai, que vontade de comer uma comida quentinha, mas o nosso principal desejo era comer um churrasco!". Impossível naquele momento, pois tudo era cronometrado, e as finanças estavam quase a zero, com tantas despesas pela situação do momento.

Ah, mas o nosso Deus é surpreendente! Certo dia, uma sobrinha minha que mora em outra cidade, muito amiga de minha falecida cunhada, envia-me uma mensagem mais ou menos assim: "Tia, nós vamos a Campo Grande/MS nesse próximo final de semana. Precisamos ver você e o Hélio. Escolha um bom restaurante para almoçarmos juntos e que facilite a ida de vocês para o hospital". Eles gostam de churrasco também.

Justamente no caminho para o hospital, há uma churrascaria com churrasco maravilhoso! Enfim, nós nos encontramos, conversamos muito, saboreamos um delicioso churrasco... E mais: eles fizeram questão de pagar a conta. Agradecemos muito a eles esse gesto de generosidade, pois aquele dia eles foram instrumentos da bondade de Deus em nossas vidas. Não nos alimentaram apenas fisicamente, mas espiritualmente e emocionalmente.

Saímos dali glorificando o nosso Deus por cuidar de nós nos pequenos detalhes, satisfazendo nossos mínimos desejos.

Mas não ficou só nisso. Na semana seguinte, uma grande amiga do meu último emprego, pois eu já estava aposentada, convidou-nos para almoçar em sua casa no domingo, pois desejava conversar um pouco conosco por conta do que estávamos passando. Fomos e, ao chegarmos lá, outro churrasco maravilhoso! Que delíciaaa! Quanta generosidade e bondade daquele casal pela forma como sempre nos receberam! Outro casal usado como instrumento da bondade e fidelidade de Deus para com as nossas vidas.

Em meados de agosto daquele ano, uma prima minha me procura pedindo autorização para fazer uma "vaquinha" entre alguns amigos/parentes para nos ajudar financeiramente, pois o quadro de minha sogra não estava tendo reversão e não sabíamos até quando aquela situação permaneceria. Foi aí que um casal de primos nossos, donos de um restaurante de comida caseira, mais ou menos próximo ao hospital, ficou sabendo de nossa situação. Eles nos convidaram a almoçar gratuitamente em seu restaurante por todo o tempo que minha sogra permanecesse lá. E assim foi. Deus levantou outro casal em nossas vidas para provar a sua bondade, consolo e fidelidade para conosco. Como fomos bem tratados ali por 15 dias!

Como não crer e como não ser grato a um Deus como esse? Em meio às mais severas tempestades, Ele nos aponta o caminho, nos coloca num lugar de proteção e nos sustenta em todas as áreas. "[...] o Senhor tem o seu caminho na tormenta e na tempestade, e as nuvens são o pó dos seus pés" (Naum 1:3). Ele usa pessoas como verdadeiros anjos dele para nos socorrer, para satisfazer os nossos mais íntimos desejos. O Senhor nos "mima" quando nos colocamos em sua total dependência.

Aqui neste relato, encontramos três casais (sobrinhos, amigos, primos) e uma outra prima minha por parte de minha mãe (a da vaquinha) que foram, literalmente, anjos "de carne e osso" que se dispuseram a nos servir, obedecendo à voz de Deus, quando Ele nos trouxe à memória deles para que nos alimentassem, não só fisicamente, mas também emocionalmente, espiritualmente e financeiramente. Cada abraço, cada palavra proferida a nós, soava como alimento, como vitamina para a continuidade de nossa jornada. A esse Deus extraordinário, todo louvor e honra. Que Deus o(a) abençoe!

ORAÇÃO DO DIA:

Que o Senhor nos dê ouvidos de discípulos para que possamos aprender com Ele sobre o quanto é digno e gratificante o exercício da generosidade;

Que o Senhor nos capacite a ser servos atentos às necessidades daqueles que passam por tempestades à nossa volta;

Que sejamos um refúgio na tormenta para nossa família e amigos;

Que o Senhor nos ajude a nos dispor como instrumentos nas suas mãos a serviço do seu Reino. Amém.

O QUE ESSA VIVÊNCIA ME ENSINA?

VIVÊNCIA 61

MINHA MÃE VOLTOU PARA CASA AOS 101 ANOS

Texto Bíblico-Base: 2 Timóteo 4:7-8
"Combati o bom combate, acabei a carreira, guardei a fé" (Timóteo 4:7).

Hoje, 15 de novembro de 2023, mais precisamente o dia da Proclamação da República no Brasil, tem sido um dia de reflexão para mim. Estamos na estação que considero a mais bela em nosso país, a primavera!

Jamais imaginei que numa das estações mais belas de minha nação estaria marcado o dia em que minha querida mãe, Olívia, partiria para o seu lar eterno, o céu. Talvez esta tenha sido a estação escolhida por Deus pelo fato de ela amar tanto as flores e plantações como frutos e alimentos. Sabia cultivá-los com maestria.

É também interessante que nesta mesma estação ela fazia aniversário: 25 de setembro, data essa que jamais esqueceremos.

O dia 20 de outubro de 2023 amanheceu cinzento para todos nós. Exatamente às 5h26 da manhã nossa mãe foi ao encontro do nosso Senhor. Foi uma partida suave, como uma vela que se apaga, na presença das pessoas que ela tanto amava, sua família. E mais: no aconchego de seu lar.

Ela partiu num tempo em que se encontrava tão bem. Tinha um sorriso largo, gostava de contar suas experiências de vida, manteve a lucidez até o fim de sua jornada terrena. Compreendia tudo que lhe era dito. Recitava sem nenhum erro o Salmo 23, amava cantar hinos do Cantor Cristão, e mais: sabia a letra de todos que cantávamos. Era mais fácil esquecermos a letra do que ela própria kkk.

O que mais me chamou a atenção é que nas últimas semanas de vida, em conversas normais, ela dava sinais de que logo partiria desta terra.

No dia 16 de outubro, uma segunda-feira, ao comer sua sobremesa, após o almoço, ela, subitamente, declama um pequeno poema para mim e uma irmã minha. Exatamente hoje, ao escrevê-lo, descobri que são as duas primeiras estrofes do hino 557 – "O Anoitecer" — do Cantor Cristão.

> Vai fugindo o dia, breve a noite vem;
> Vespertina estrela já se avista além;
> Ao que mui cansado na tristeza jaz,
> Dá, Jesus bendito, teu descanso e paz.[12]

Quando ouvi essa letra, meu espírito testificou que ela estava nos dando um recado. Estaria perto sua partida. Embora meu coração compreendesse o tom da mensagem, eu a elogiei por saber a letra do poema dizendo-lhe: "Que lindo, minha poetisa!". Ela, como sempre, deu um sorriso largo e repetiu para que eu pudesse gravar e compartilhar com meus irmãos. Nesse último semestre de vida, ela vinha expressando que seu corpo estava cansado devido à sua idade.

Nessa mesma semana, ela me disse: "Miriam, está muito perto de Deus me levar". E, no início da tarde do dia anterior à sua partida, ela me perguntou: "Miriam, todos nós vamos morar juntos nos céus?". E eu lhe disse: "Em nome de Jesus, todos nós iremos morar juntos nos céus, mãe". Ela repetiu as minhas palavras como se fosse uma certeza de que ela precisava, em relação à sua família, pois sempre orou e se preocupou com a salvação de seus filhos, netos e parentes em geral.

E assim três dias foram suficientes para que tudo se resolvesse após o início de um simples resfriado e tosse. A insuficiência respiratória foi a "desculpa" para sua partida. "Desculpa"? Miriam, como assim? Sempre ouvi minha cunhada Eliane falar: "A morte vem sempre acompanhada de uma 'desculpa', ou seja, a sua causa".

---

[12] CANTOR Cristão com música. 5. ed. Rio de Janeiro: JUERP, 1986.

O que isso tem significado para nós, filhos, genros, noras, netos, bisnetos, tataranetos, família em geral e amigos? Minha mãe foi, sem sombra de dúvidas, uma mulher extraordinária! Uma serva de Deus, na essência da palavra. Marcou não só a nós, sua família, mas a muitos com sua sabedoria, generosidade e mansidão. Ensinou-nos, na prática, o que é a vida e como vivê-la da melhor forma possível sem jamais nos entregarmos às dificuldades que possam se apresentar em nossa jornada terrena. Interessante que não era de muitas palavras, era de ação.

Ela era semianalfabeta, no que diz respeito às letras e aos números, mas conseguia fazer uma leitura apurada de tudo o que estava à sua volta. Sem nenhum receio, posso afirmar que dona Olívia se encaixa perfeitamente no que diz Provérbios 31, uma mulher virtuosa!

Além de seu bom nome, dona Olívia, ela, com muito temor, levou o bom nome de Cristo a todos que tiveram o privilégio de seu convívio; ou seja, exalou "o bom perfume de Cristo", na prática. Saudades? Hummm... com certeza! Muitaaa... Um vazio do tamanho dela, do seu amor, do seu lindo sorriso, de sua generosidade e gratidão!

Simmm, sua casa ficou mais espaçosa, e em nosso coração, um vazio que é preenchido com as mais doces lembranças de seu amor, sorriso e cuidado. Há dias que são mais pesados que outros. Certamente ela, se estivesse aqui, diria: "Sigam em frente".

Sabe, querido(a) leitor(a), apesar da dor emocional do momento, é tão lindo presenciar os momentos finais de alguém que está partindo desta terra, com Cristo. Dois dias antes, ao colocarmos o hino "Mais perto quero estar", do Cantor Cristão, para ela ouvir, observamos que, mesmo de olhos fechados, ela estava vivenciando experiências espirituais, pois seu semblante, seu sorriso largo e seu levantar de suas mãos nos davam essa certeza! O aleluia e glórias a Deus expressados por ela foi de uma profundidade tamanha. O que ela nos disse nesses momentos é algo que jamais esquecerei. Ela passou os dois últimos dias conversando com todos nós com muita satisfação, dizendo que estava muito feliz!

O que nos conforta é sabermos que Deus foi extremamente generoso para com a nossa família. Ele nos presenteou com seus

101 anos entre nós, que, aliás, comemoramos com um maravilhoso culto de ação de graças no dia 25 de setembro de 2023. Foi o último culto em sua casa terrena com muita gratidão!!!

Deus seja louvado por esse útero abençoado e abençoador que nos gerou com graça e sabedoria. O versículo acima: "Combati o bom combate, acabei a carreira, guardei a fé" (Timóteo 4:7) foi uma realidade em sua vida. Portanto, não existe adeus para essa mãe, vó, sogra, amiga... mas um até breve. Que sigamos o seu exemplo como mulher, como serva de Deus. Que o Senhor o(a) abençoe!

ORAÇÃO DO DIA:

Que o Senhor nos capacite a viver intensamente a vida cristã para que, quando nos chamar, tenhamos a convicção de que estaremos voltando para a nossa Casa de Origem, o céu;

Que sejamos a mulher virtuosa de Provérbios 31 — aliás, suas qualidades podem ser aplicadas aos homens também;

Que o Senhor nos capacite a deixar um legado de bênçãos para as nossas famílias, amigos e sociedade. Amém.

O QUE ESSA VIVÊNCIA ME ENSINA?

VIVÊNCIA 62

UMA VIZINHA CHAMADA CRISTINA

Texto Bíblico-Base: Provérbios 27
"O óleo e o perfume alegram o coração; assim o faz a doçura do amigo pelo conselho cordial. Não deixes o teu amigo, nem o amigo de teu pai; nem entres na casa de teu irmão no dia da tua adversidade; melhor é o vizinho perto do que o irmão longe" (**Provérbios 27:9-10**).

O dicionário etimológico aponta a origem da palavra amizade no latim *amicitia*. Esse termo, no entanto, tem sua origem a partir do termo *amicus*, que significa "amigo" na Língua Portuguesa. Ainda alguns etimologistas apontam que a raiz dessa palavra se desenvolveu a partir do verbo latino *amare*, que expressa o sentido de "amor" ou "amar"[13].

Sendo assim, compreendo que a palavra "amizade" tem a mesma essência da palavra "amor". Ao pensarmos em amigo/amizade, encontramos na Palavra de Deus diversas metáforas (comparação), dentre elas vou me ater a esta que expressa a real suavidade do que vem a ser um amigo: "O óleo e o perfume alegram o coração; assim o faz a doçura do amigo pelo conselho cordial [...]" (Provérbios 27:9).

Quem já não experimentou a suavidade e a doçura de um óleo ou de um perfume em seu corpo? Estes produzem em nós, por meio de nosso olfato e tato, um bem-estar gratificante. Assim é quando podemos contar com a cordialidade do conselho, ou simplesmente da presença, de um(a) amigo(a) leal.

Infelizmente, vivemos numa sociedade em que as relações humanas se tornaram descartáveis. E mais: com o avanço das

---

[13] AMIZADE. *In*: DICIONÁRIO etimológico, [s.l.], [2024]. Disponível em: https://www.dicionarioetimologico.com.br/amizade/. Acesso em: 25 nov. 2023.

novas tecnologias, os distanciamentos afetivos têm se tornado uma realidade até mesmo entre os membros da família, imagina entre os de fora! Como isso é preocupante! Hoje se valorizam muito os chamados "amigos virtuais".

Quando olho para a minha geração, e muito mais para a geração de meus pais e avós, percebo que eles tiveram um ganho inestimável no quesito amizade. Como dizem hoje: eles foram do tempo em que os amigos eram amigos "raiz". Eles se valorizavam e nutriam seus relacionamentos de forma saudável e permanente. Os amigos eram, realmente, para todas as estações do ano.

Assim, posso afirmar que a vizinha de minha mãe, chamada Cristina, encaixa-se perfeitamente nesse tipo de amizade. Por mais de 30 anos, elas cultivaram uma linda amizade. Tanto que "dona Cristina", como sempre chamamos, sempre disse que minha mãe era mais do que uma amiga, era uma mãe para ela, pois sua mãe sempre morou em outro estado e faleceu muito antes de nossa mãe. Você percebe que a amizade é um relacionamento que se constrói, e este deve ser pautado na lealdade, na confiança, na afetividade?

Em todos os momentos, fossem eles bons ou ruins, dona Cristina sempre esteve presente entre nós. E como esteve, até o sepultamento de minha mãe. Ela nos ajudou muito, principalmente no último ano de vida de sua amiga. Fazia questão de doar todas as fraldas necessárias para o seu uso diário e sempre dizia: "O que precisarem é só me chamar". Quanto amor e dedicação!

O bolo do seu último aniversário foi um presente do esposo dela; foram os 101 anos de minha mãe. Por essa e tantas outras razões, continuamos seguindo o que o sábio Rei Salomão aconselhou: "Não deixes o teu amigo, nem o amigo de teu pai [...]" (Provérbios 27:10, grifo nosso). E, por último: "[...] melhor é o vizinho perto do que o irmão longe [...]" (Provérbios 27:10, grifo nosso). Quanta verdade nessa afirmação!

Aqui aplicamos à minha mãe, mas, na realidade, esse casal sempre foi amigo de meus pais e de todos nós, filhos. Que o Senhor nos ajude a ser leais e presentes na vida de todos aqueles que Ele colocar em nosso caminho; que possamos construir relacionamentos saudáveis e duradouros que suportem todas as estações de nossas vidas. Que Deus o(a) abençoe!

ORAÇÃO DO DIA:

Que o Senhor nos ajude a ser leais e presentes na vida de nossos amigos e na vida daqueles que foram amigos de nossos pais;

Que o Senhor nos ajude a compreender o valor da gratidão para com todos aqueles que fazem parte de nossa caminhada;

Que possamos aprender que o amor e amizade só existirão, em sua essência, por meio da sua prática. Amém.

O QUE ESSA VIVÊNCIA ME ENSINA?

VIVÊNCIA 63

UMA PÉROLA EM NOSSO CAMINHO CHAMADA ELIZETE

Texto Bíblico-Base: Provérbios 17:17
"Em todo o tempo ama o amigo e para a hora da angústia nasce o irmão" (Provérbios 17:17).

O ano de 2020 foi um ano sombrio para todas as nações da Terra. A incerteza e o pânico tomaram conta de milhões de pessoas, pois ninguém sabia ao certo o que fazer nem como fazer diante do perigo iminente. Em 11 de março daquele fatídico ano, a Organização Mundial da Saúde (OMS) declara oficialmente a Covid-19 como pandemia.[14]

Diante desse quadro sombrio, como já relatei em outra experiência, eu e meu esposo precisávamos de alguém para nos auxiliar nos cuidados à minha sogra, que no momento já era acamada em tratamento de Alzheimer.

Buscamos informações e chegamos a uma jovem senhora chamada Elizete. Que simpatia de pessoa e quanto do perfume de Cristo exalava daquela mulher! A sua alegria e vontade de viver era contagiante. As nossas limitações financeiras, naquele momento, não foram impeditivas para que aquela mulher aceitasse a nossa proposta de trabalho.

Enfim, acertamos os devidos valores com um porém: devido à pandemia, deveríamos buscá-la e levá-la, de carro, nos dias e horários combinados.

Sabe quando tudo caminha dentro da normalidade? Então, essa era a realidade vivida por todos nós, num tempo de tantos

---

[14] CAMPOS, M. Pandemia de Covid-19. **Mundo Educação**, [s.l.], [2024?]. Disponível em: https://mundoeducacao.uol.com.br/geografia/pandemia-de-covid-19.htm. Acesso em: 19 nov. 2023.

"pontos de interrogações", até que, em um desses dias, dona Elizete passa por um problema de saúde que a afasta de nós por uns oito meses. Como sentimos a sua falta! Não só do seu cuidado para com minha sogra e sogro, como também por sua alegria, conselhos que levantavam a todos nós diante das dificuldades do dia a dia.

Enfim, oito meses depois, num momento de muita angústia para todos nós, voltamos a procurar dona Elizete, pois a outra cuidadora iria embora de nossa cidade, e a irmã de meu esposo estava em seus últimos dias de vida, na Espanha. Como se não bastasse a pandemia, e todos esses problemas de saúde na família de meu esposo, vislumbrávamos um financeiro mais apertado ainda. Apresentamos uma nova proposta de trabalho para dona Elizete, e ela prontamente nos respondeu: "Como serva de Deus, eu não posso deixar vocês nessa situação sem ajudá-los". Como essa frase dessa mulher nos impactou naquele momento, uma vez que vínhamos lidando com essa situação familiar basicamente sozinhos. Fizemos alguns outros combinados e seguimos juntos até o momento em que minha sogra foi para o hospital e não havia mais a possibilidade de um retorno, devido ao seu quadro de saúde.

Essa mulher foi não só uma cuidadora, mas uma amiga e irmã em Cristo em um período dificílimo de nossas vidas, que foi a morte de minha cunhada, algo inesperado. Seus conselhos, sua presença e sua alegria nos impulsionavam a cada nova situação enfrentada com minha sogra.

Não sei se você já teve o privilégio de conviver com pessoas que são "verdadeiros anjos" de carne e osso, colocadas por Deus em nosso caminho. Pois bem, em nenhum momento eu vou titubear em dizer que dona Elizete foi esse tipo de anjo para nós. Por essa razão, no título dessa vivência eu a nomeei de "pérola", por ser essa pessoa muito, mas muito preciosa. Até porque uma pérola não é encontrada a todo momento e em qualquer lugar. A sua preciosidade a torna "muito especial".

Possivelmente você esteja a imaginar que a vida pessoal e familiar dessa mulher fosse tranquila, sem muitas turbulências. Mas sinto desapontá-lo(a). Dona Elizete, no tempo que a conhecemos, compartilhou conosco tantas perdas pessoais e familiares que, se ela permitisse, teriam feito dessa mulher uma pessoa amarga, afundada em profunda depressão e dependente de remédios para o resto de sua vida.

Ela decidiu escolher viver intensamente, dedicar-se aos filhos e netos, servir ao Senhor e àqueles que dela viessem a precisar.

Hoje, 19 de novembro de 2023, quando escrevo este texto, faz uns três meses que dona Elizete foi morar com o Senhor após um infarto fulminante aos 63 anos, pois tinha uma deficiência cardíaca. Mas uma coisa eu sei: essa mulher fez por merecer, em vida, o título de serva do Senhor. O seu coração não estava no que a ferrugem e a traça consomem, mas sim em fazer a vontade de Deus. Literalmente ela cumpriu o que o autor de Gálatas 6:2 nos diz: "Levai as cargas uns dos outros, e assim cumprireis a lei de Cristo". Ela deixou um legado de serviço, de alegria, de gratidão ao Senhor. Todos os dias, ela nos dizia que era muito grata ao Senhor pela vida e por sua saúde. Não deixou herança para a família e amigos, mas deixou um legado: marcou mentes e corações. Sabe por quê? Herança é material; é algo palpável, pode-se perder se não bem administrado. Legado é o que se sente; são marcas invisíveis que possuem o poder de produzir muitos frutos para além da vida daquele que o deixou.

Escolhamos deixar legados a todos aqueles que convivem conosco e à nossa sociedade! Que o Senhor o(a) abençoe!

ORAÇÃO DO DIA:

Que o Senhor nos capacite a viver uma vida marcada pelo "servir";

Que ele imprima em nós o DNA de servos e servas para que as pessoas com as quais convivemos possam ver e sentir em nós o agir do próprio Cristo, ao qual confessamos servir;

Que o Senhor nos ajude a deixar marcas invisíveis por onde passarmos de tal forma que se transformem em frutos de justiça diante de uma sociedade tão má e corrompida. Amém.

O QUE ESSA VIVÊNCIA ME ENSINA?

VIVÊNCIA 64

AS TIRIRICAS E O CALCÁRIO

Texto Bíblico-Base: Mateus 5:13
"Vós sois o sal da terra; e se o sal for insípido, com que se há de salgar? Para nada mais presta senão para se lançar fora, e ser pisado pelos homens" (Mateus 5:13).

Você pode estar se perguntando: o que tem a ver este versículo bíblico com tiriricas e calcário?

Primeiro, vamos compreender o que é a tiririca e qual é o seu comportamento no solo que lhe é adequado. A tiririca (*Cyperus rotundus*) é uma espécie de grama muito conhecida e temida por pequenos e grandes agricultores. "É considerada a mais nociva planta invasora em todo o mundo, devido a sua agressividade, disseminação e dificuldade de controle [...] Além da capacidade competitiva, exerce efeito inibidor (*alelopatia*) sobre outras plantas"[15].

Essa espécie de planta chega e se instala em meio à sua plantação, hortas etc. sem pedir licença. Espalha suas raízes e vão se interligando. Possuem um formato de batatinha bem pequena. Não adianta carpir porque, diante de qualquer umidade no solo, elas reaparecem sempre muito vivas, um verde perfeito. É tolerante a qualquer tipo de solo e temperatura, embora o solo com mais acidez torna-se um ambiente perfeito para sua proliferação. O ideal é arrancá-la pela raiz assim que surgir. É trabalhoso e desgastante lidar com essa espécie de praga.

E o calcário? Qual é a sua forma de atuação?

É uma rocha sedimentar, constituída principalmente de carbonato de cálcio. Ele é utilizado com diferentes fins

---

[15] TIRIRICA. **Agrolink**, [s.l.], [20--]. Disponível em: https://www.agrolink.com.br/problemas/tiririca_110.html. Acesso em: 5 set. 2024.

> por várias indústrias. No caso da agricultura, serve para corrigir a acidez do solo e, com isso, trazer diversos outros impactos positivos para os cultivos. [...] Ao ser adicionado no solo, o calcário atua aumentando os níveis de cálcio e magnésio da terra (nutrientes importantíssimos para o bom desenvolvimento das culturas) e reduzindo a quantidade de elementos nocivos, em especial o alumínio e o manganês.[16]

Diante das colocações iniciais, podemos traçar aqui um paralelo entre a tiririca, o calcário e a nossa vida pessoal e espiritual.

Compreendemos que a tiririca é invasiva, agressiva, suga todos os nutrientes das outras plantas e ainda é de difícil trato. Podemos compará-la ao que o evangelista João nos fala em João 10:10 "O ladrão não vem senão a roubar, a matar, e a destruir [...]". É semelhante àquele tipo de pessoa que nos suga as energias, os sonhos, a esperança e de difícil convivência.

Precisamos estar atentos durante a nossa trajetória para que esses tipos de invasores não passem a fazer parte de nossas vidas e convivências. Existem as ações do inimigo por meio de circunstâncias, mas não podemos nos esquecer de que o inimigo de nossas almas usa pessoas que se colocam como instrumentos dele, e estas podem passar a fazer parte de nosso convívio, vindo assim a destruir tanto a nós quanto à nossa família. São agentes ladrões de emoções, de desejos, alegrias e realizações; são também ladrões econômicos e profissionais.

Em contrapartida, observamos que o calcário exerce uma função positiva, construtiva "[...] No caso da agricultura, serve para corrigir a acidez do solo e, com isso, trazer diversos outros impactos positivos para os cultivos. [...]". Sendo assim, podemos compará-lo ao sal, conforme Mateus 5:13 "Vós sois o sal da terra; [...]". Este possui propriedades de conservação e sabor ao ser utilizado com equilíbrio.

Durante a nossa caminhada, precisamos construir relacionamentos à semelhança do calcário e do sal. Necessitamos de parcerias cristãs ou não que corrijam a nossa acidez, tornando-nos cada vez mais produtivos e saudáveis, possuidores de todos os nutrientes

---

[16] CALCÁRIO agrícola - saiba tudo sobre essa técnica. **Yara Brasil**, [s.l.], 2022. Disponível em: https://www.yarabrasil.com.br/conteudo-agronomico/blog/calcario-agricola/. Acesso em: 6 set. 2024.

necessários para influenciarmos às outras pessoas à semelhança do sal, com equilíbrio, com sabor, com uma boa palavra no tempo oportuno.

Por que eu decidi escrever essa reflexão?

Eu e meu esposo lidamos por um bom tempo com tiriricas no quintal da casa de minha mãe. Durante todo esse tempo, fomos aprendendo sobre essa planta (praga) invasora e de difícil trato. Aprendemos muito nesse processo não só a lidar com esse desequilíbrio do solo, mas a aplicar à nossa vida pessoal e espiritual.

Que o Senhor nos use como calcário e sal na dosagem certa durante a nossa trajetória por esta terra. Que possamos influenciar pessoas de maneira positiva para que se tornem cada vez mais produtivas para si, para suas famílias e para o Reino de nosso Cristo. Que jamais possamos permitir que pessoas à semelhança da tiririca se alojem em nossas casas, em nossas famílias, roubando a beleza de nossas produções e realizações pessoais e profissionais. Que o Senhor o(a) abençoe!

ORAÇÃO DO DIA:

Que o Senhor nos ensine a discernir as estações e as pessoas que se aproximam de nós e de nossa família;

Que o Senhor nos livre de pessoas corroídas pela acidez, competitivas e que possam inibir o nosso crescimento pessoal e espiritual;

Que o Senhor nos capacite a ser semelhantes à ação do calcário e do sal na vida de todos aqueles que passarem por nós, sempre com equilíbrio. Amém.

O QUE ESSA VIVÊNCIA ME ENSINA?

VIVÊNCIA 65

APRENDENDO COM O PÉ DE MANGA

Texto Bíblico-Base: Cantares 2
"Apanhai-nos as raposas, as raposinhas que fazem mal às vinhas, porque as nossas vinhas estão em flor" (Cantares 2:15).

É do conhecimento de todo cristão que lê a Bíblia que o rei Salomão, filho do rei Davi, tornou-se o homem mais sábio e que igual a ele jamais existiu homem algum sobre a face da Terra.

A Bíblia nos relata em Cantares 8:11 que ele teve uma vinha "Teve Salomão uma vinha em Baal-Hamom; [...]".

Certo dia, ele percebeu que algo errado estava acontecendo às suas vinhas. As raposas e as raposinhas estavam saboreando as raízes macias e frescas de suas parreiras destruindo a sua florada e, consequentemente, a sua colheita. Daí a ordem dada aos seus soldados para que apanhassem as raposas e raposinhas: "Apanhai-nos as raposas, as raposinhas que fazem mal às vinhas, porque as nossas vinhas estão em flor" (Cantares 2:15).

Desejo aqui fazer uma correlação entre as vinhas do rei Salomão e um pé de manga existente no quintal da casa de meus pais, que por sinal sempre produziu umas mangas pequenas, mas muito adocicadas, uma delícia.

Em meados do mês de agosto, uma de nossas vizinhas chamou-nos a atenção sobre um pequeno galho que estava se secando, e da nossa casa não era possível percebê-lo. Achamos que isso poderia ser resultado de muito vento e tempo muito seco. Já estávamos planejando cortá-lo, pois o pé estava supercarregado de manguinhas.

Mas no início do mês de setembro percebemos algo estranho. As folhas de outros galhos estavam murchando, e o vento forte do mês de agosto estava derrubando muitas frutinhas. Comecei a estudar o fenômeno buscando pessoas que entendem sobre o assunto, e chegamos a um resultado que não desejávamos. Um fungo que ataca as raízes das mangueiras o tinha infectado, e com isso o pé de manga foi secando e o vento foi derrubando toda as manguinhas deixando-nos esse ano sem colheita. O que vamos fazer? Podar e tentar reverter o quadro, que não é nada animador. O que nos consola é que por mais de 30 anos essa mangueira nos alimentou com seus deliciosos frutos.

O que eu aprendo com as vinhas do rei Salomão e o pé de manga na casa de nossos pais? Os perigos que nos rodeiam nem sempre são aparentes, e muitas vezes até percebemos alguns sinais, mas os classificamos como inofensivos. Não podemos, em hipótese alguma, ignorar os pequenos sinais que nos são dados. Tanto as raposinhas como o fungo parecem tão inofensivos! Pequenos demais para nos preocuparmos.

Eu descobri que, se nós tivéssemos percebido o primeiro galho murchando no início e já o tivéssemos podado, possivelmente poderíamos salvar o restante dos galhos. Mas a não percepção e o tempo passado foram fatais para a sua destruição e perda da produção de manga desse ano, e possivelmente para sempre.

Já o rei Salomão percebeu em tempo o problema: "[...] as nossas vinhas estão em flor" (Cantares 2:15). Diante dessa descoberta, uma ação imediata foi estabelecida: "Apanhai-nos as raposas, as raposinhas que fazem mal às vinhas [...]" (Cantares 2:15).

Nesses dois casos, duas ações imediatas eram fundamentais: cortar/podar o galho contaminado e prender o predador impedindo-o de atuar em meio a toda a florada daquelas vinhas.

Você percebe que tanto no pé de manga quanto nas vinhas o local atacado foram as raízes? Um local sensível e invisível aos nossos olhos, porém essencial para a sobrevivência de toda e qualquer plantação, para sua sustentação e boa colheita. Que plantação subsiste se suas raízes são contaminadas ou corroídas? Acabam seus nutrientes e consequente sustentação.

Algumas perguntas ficam para a nossa reflexão diante de dois exemplos tão práticos:

1. Como estão as nossas raízes, as nossas bases e de nossas famílias?
2. Será que não estão existindo fungos e/ou raposas e raposinhas que estão se infiltrando devagarzinho e se alimentando de nutrientes importantes para a sustentação e produção em nossas vidas e de nossas famílias?
3. Será que inimigos invisíveis e visíveis não estão corroendo e corrompendo nossos valores e princípios morais e espirituais enquanto pessoas e famílias?
4. Será que já não temos identificado esses fungos e as raposas e raposinhas e não estamos procrastinando a ação da poda/do corte e da prisão/destruição do predador?

Estejamos certos de que:

1. O inimigo só age no limite daquilo que lhe permitimos que aja;
2. O Senhor nos capacita com sabedoria e discernimento por meio da sua Palavra para percebermos o perigo/o inimigo, mas a ação/a prática cabe a nós. Ele só age na nossa impossibilidade.

Estejamos atentos às nossas vinhas floradas e aos nossos pés de manga. Não sejamos tão permissivos a ponto de comprometermos as nossas vidas e a nossa família financeiramente, moralmente, emocionalmente e espiritualmente. Que o Senhor o(a) abençoe!

ORAÇÃO DO DIA:

Que o Senhor nos revista de coragem e ousadia para agirmos em tempo para salvarmos as nossas vinhas e nossos pés de manga que são a representatividade de nossas vidas e famílias;

Que jamais possamos nos entregar à inércia e à procrastinação diante de ataques visíveis e invisíveis de inimigos físicos e espirituais contra nossas vidas e famílias;

Que o Senhor nos capacite a zelar pelos princípios e valores que nos são apresentados em sua Palavra, para que sejamos saudáveis e prósperos em tudo o que fizermos. Amém.

O QUE ESSA VIVÊNCIA ME ENSINA?

VIVÊNCIA 66

EM QUEM E EM QUE VOCÊ TEM COLOCADO A SUA CONFIANÇA?

Texto Bíblico-Base: Jeremias 17
"Assim diz o Senhor: maldito o homem que confia no homem, e faz da carne o seu braço, e aparta o seu coração do Senhor! [...]Bendito o homem que confia no Senhor, e cuja confiança é o Senhor" (Jeremias 17:5 e 7).

A palavra "confiança" é um substantivo feminino. E para sua melhor compreensão, observemos a sua origem: a palavra "confiança" vem do latim "confidere", formada por "com" — intensificativo, mais "fidere" — "acreditar", que, por sua vez, deriva de "fides" — "fé". Portanto, "confiança" significa depositar fé com intensidade. Ter confiança é "acreditar mesmo" (Dom Jacinto Bergmann, Arcebispo Metropolitano da Igreja Católica de Pelotas).[17]

Uma das maiores dificuldades inerentes ao ser humano, embora o seu discurso muitas vezes se apresente de forma contrária, é confiar com toda a intensidade em Deus e na sua Palavra.

Ainda que o Senhor seja categórico na Palavra dele quando afirma que "feliz", "bendito" é o homem, a mulher, que deposita a sua confiança nele, estes majoritariamente, na prática, vacilarão na hora de uma decisão. Por quê? Porque "confiança" significa "depositar fé com intensidade", ou seja, precisamos ser intensos quanto à nossa fé.

---

[17] BERGMANN, J. Opinião: não deixemos que nada nos roube a confiança. **Ucpel**, [s.l.], 2020. Disponível em: https://ucpel.edu.br/noticias/opiniao-nao-deixemos-que-nada-nos-roube-a-confianca/. Acesso em: 12 set. 2024.

Em contrapartida, o homem tem a inclinação para confiar na força do braço humano, embora o Senhor diga que o resultado dessa confiança seja o oposto de "feliz", "bendito", ou seja, é "maldito".

Quando fazemos "da carne o nosso braço", significa que optamos que o "aconchego" e a "defesa" de nossas vidas estejam sob o domínio de nossas vontades e desejos, e não debaixo do domínio da vontade soberana de Deus para conosco.

Você já se atentou para o fato de que os nossos braços servem tanto para o abraço/o aconchego, como também para a nossa defesa? Pois bem, é exatamente assim que muitas vezes nos posicionamos. Escolhemos pela nossa própria carne as nossas formas de aconchego e defesa, e assim não nos apercebemos do distanciamento do nosso coração, estabelecido por nós mesmos, do Senhor.

É exatamente quando chegamos a esse ponto que nos tornamos os mais vulneráveis e miseráveis dos homens, pois estamos abertos a lançar a nossa confiança com toda a intensidade em pessoas e coisas. Logo a decepção e a frustração poderão bater à nossa porta.

Confesso que, ao longo de minha trajetória, confiei por diversas vezes em meu braço, em pessoas que não eram dignas de confiança e em coisas que são passageiras. Algumas vivências aqui relatadas por mim eu poderia ter evitado, principalmente as que dizem respeito à sociedade daquela escola. Esta gerou muitos outros estragos, como financeiros, emocionais, espirituais e até morais, pois o meu bom nome à época ficou comprometido.

O grande problema é que tanto eu quanto você, muitas vezes, somos tentados a fazer os nossos planos e projetos, colocar em prática, e só aí pedimos ao Senhor que nos abençoe, que nos faça prosperar. Sempre achamos que estamos no caminho certo.

Sendo que o correto, para todos nós, cristãos, é gerarmos os nossos sonhos, projetos e desejos aos pés do Senhor, ouvindo e sentindo por meio da sua Palavra, da oração, do jejum e de ministrações o que o nosso Deus tem a nos dizer. Quais as diretrizes, os "sins" e os "nãos" antes de iniciarmos qualquer caminhada. Precisamos cultivar em nosso coração o desejo de termos um "ouvido de discípulo", um "coração ensinável". O grande problema do ser humano é que todos desejam ser mestres, e isso, na essência, é para poucos. Na realidade, durante a nossa jornada, deparamo-nos com muitas "latas vazias", muitos "travestidos" de mestres, pastores, evangelistas, líderes e profetas. E assim o povo sem conhecimento e discernimento é conduzido a destinos que o Senhor nunca traçou para eles por imaturidade "O meu povo foi destruído, porque lhe faltou o conhecimento[...]" (Oseias 4:6).

A nossa falta de conhecimento, tanto espiritual quanto em relação ao que desejamos para nossa vida pessoal e profissional, e a falta de discernimento, aliadas à nossa imaturidade, são a causa de muitos fracassos e cicatrizes profundas em nosso caminhar. Muitos optam por dar a volta por cima, mas tantos outros ficam à margem do caminho.

A lição que aprendi em minha jornada pessoal, familiar e profissional é que a minha confiança e o meu "acreditar mesmo" com toda a intensidade devem ser depositados no Senhor e na sua Palavra, pois Ele não mente nem nos decepciona; ele é imutável "Deus não é homem para que minta; nem filho do homem, para que se arrependa; porventura diria ele, e não o faria? Ou falaria, e não o confirmaria?" (Números 23:19).

Amigos existem? Com certeza. Pessoas de confiança para se estabelecer parcerias existem? Com certeza. Irmãos confiáveis em nossas igrejas existem? Com certeza. Mas saiba que são poucos e devem ser agregados às nossas vidas aos poucos e com muito discernimento e oração. Só o Senhor é conhecedor do coração e das intenções de todo ser humano. Que o Senhor o(a) abençoe!

ORAÇÃO DO DIA:

Que o Senhor nos dê um coração ensinável e ouvidos de discípulo para caminharmos segundo o seu propósito nesta terra sendo bênção para esta e outras gerações;

Que o Senhor nos ajude a depositar a nossa confiança com intensidade somente nele e na sua Palavra;

Que o Senhor nos livre de depositarmos a nossa confiança em nós mesmos, em coisas e em pessoas mal-intencionadas a nosso respeito. Amém.

O QUE ESSA VIVÊNCIA ME ENSINA?

VIVÊNCIA 67

A IMPORTÂNCIA DE SERMOS GRATOS

Texto Bíblico-Base: Salmo 36
"Como é precioso o teu amor, ó Deus! Os homens encontram refúgio à sombra das tuas asas. Eles se fartarão da gordura da tua casa; e os farás beber das correntes das tuas delícias. Porque em ti está o manancial da vida; graças à tua luz, vemos a luz" (Salmo 36:7-9).

Uma das atitudes que mais agrada a Deus é a nossa gratidão por tudo o que Ele é, fez, faz e ainda fará por nós e por meio de nós. Em contrapartida, esta é uma das maiores dificuldades do ser humano: ser grato.

Uma certa vez, conversando com uma amiga psicóloga sobre a gratidão, fiquei surpresa com o que ela me disse: "Miriam, gratidão é uma questão de caráter". Talvez aí esteja o porquê Deus nos chama ao exercício da gratidão a Ele e a todo o ser humano, ou seja, Ele almeja que tenhamos um caráter puro diante de sua santidade que refletirá em todas as instâncias de nossas vidas.

Portanto, compreendo que esse é um sentimento que devemos buscar mantê-lo vivo em nossos corações, pois somos presenteados por termos uma família, um teto para morarmos, alimento para o nosso corpo, saúde etc. Além do mais, somos afortunados por sermos agraciados todos os dias pelas misericórdias do Senhor. No livro de Lamentações 3:22-23, lemos o seguinte: "As misericórdias do Senhor são a causa de não sermos consumidos, porque as suas misericórdias não têm fim; **Novas são cada manhã**; grande é a tua fidelidade" (grifo nosso). Que graça maravilhosa essa do nosso Deus! É tão somente por sua bondade para conosco.

Por que estou compartilhando com você, hoje, sobre a gratidão?

Há alguns dias, ao visitar uma amiga e irmã em Cristo, tão jovem ainda, que estava internada em um hospital acometida de um câncer no pâncreas, eu fui impactada durante a minha conversa com ela. Eu lhe perguntei: "Ári, qual o seu maior desejo?". E ela me respondeu: "Miriam, o meu maior desejo é ir para a minha casa, cuidar dos meus bichinhos, comer, beber suco de melão, morango, laranja... Tomar água! Miriam, eu amo beber líquido, comer...". Ela não só falou com a boca, mas expressou com o coração e sua fisionomia todo esse desejo.

Naquele momento, meu coração ficou pequeno por perceber que aquele desejo poderia não se realizar, mas me mantive firme. Voltei para casa muito reflexiva sobre o que ela me disse. Compartilhei com meu esposo e até hoje me lembro dessa expressão de desejo dela. Uma semana depois, o Senhor a convocou para a sua presença. Na presença do Senhor, com certeza, esse profundo desejo dela se cumpriu, pois a Bíblia nos diz que: "Eles se fartarão da gordura da tua casa; e os farás beber das correntes das tuas delícias. Porque em ti está o manancial da vida; [...]" (Salmo 36:8-9).

O que aprendo mais uma vez com isso?

Que muitas vezes somos ingratos para com o Senhor. Reclamamos da comida que temos para comer, negligenciamos beber água, deixamos muitas vezes frutas se perderem em nossas casas por preguiça de fazer um delicioso suco, uma vitamina... Murmuramos e murmuramos... A nossa amiga e irmã não podia nem comer, nem beber mais.

Um dos homens na Bíblia que mais soube expressar sua gratidão a Deus foi o rei Davi; não porque a sua vida tenha sido "um mar de rosas", de forma alguma, mas porque ele cultivava um coração e uma atitude de gratidão constante. Posso dizer que o rei Davi, desde muito cedo em sua vida, cultivou o *habitus* de ser grato a Deus independentemente das circunstâncias que o cercavam. *Habitus* é tudo aquilo que internalizamos ao longo de nossas vidas. "Há que se observar, segundo Bourdieu, que o *habitus* é responsável por gerar práticas diferenciadas na trajetória dos agentes sociais"[18]. E é esse *habitus* que nos predispõe a fazer as nossas escolhas.

[18] SILVA, M. F. A. da. **Famílias e escolas militares**. 1. ed. Curitiba: Appris, 2020. p. 35.

Que sejamos sábios e cultivemos a predisposição de fazer as melhores escolhas em nossas vidas. Que busquemos internalizar bons *habitus* a cada dia, sendo um deles a gratidão a Deus e a todos aqueles que em algum momento nos amou estendendo a mão em nosso socorro. Que tal reconfigurarmos os nossos *habitus* de tempos em tempos? Que o Senhor o(a) abençoe!

ORAÇÃO DO DIA:

Que o Senhor nos capacite a cultivar o *habitus* da gratidão a Ele e a todos aqueles que de alguma forma nos têm abençoado;

Que o Senhor nos convença, a cada dia, de que precisamos eliminar de nossas vidas e de nossas casas o mau *habitus* da murmuração, da reclamação;

Que o Senhor nos ajude a ser gratos em todas as circunstâncias de nossa trajetória, tendo a convicção de que todas as coisas contribuirão para o nosso bem e de nossa família. Amém.

O QUE ESSA VIVÊNCIA ME ENSINA?

VIVÊNCIA 68

LIDANDO COM A QUESTÃO DA HONRA

Texto Bíblico-Base: Êxodo 20
"Honra a teu pai e a tua mãe, para que se prolonguem os teus dias na terra que o Senhor teu Deus te dá" (Êxodo 20: 12).

Se fizermos uma pesquisa em vários dicionários da Língua Portuguesa, observaremos uma concordância entre eles no que diz respeito à palavra <u>honra</u>. Expressam-na como respeito, reverência, veneração, louvor etc.

E o que nos chama a atenção é que, na Palavra de Deus, esse vocábulo vem carregado de um peso profundo. Não me refiro a peso no sentido de fardo, mas sim de importância, de relevância. Como o nosso Deus valoriza a honra! Eu compreendo que as pessoas que conseguem dar o devido valor a esse princípio são aquelas totalmente desprovidas de vaidades; são aquelas que sabem, na essência, quem elas são e qual o seu lugar e papel no Reino de Deus. O Apóstolo Paulo reitera o valor desse princípio em uma de suas cartas: "Portanto, dai a cada um o que deveis: [...] a quem honra, honra" (Romanos 13:7).

Sou da geração que foi ensinada a respeitar e dar prioridade aos mais velhos, principalmente aos pais e avós. Então, no quesito respeito, nunca tive dificuldades. Outro aspecto que sempre me chamou a atenção desde a infância era o como minha mãe e meu pai lidavam com meus avós, principalmente o pai dela e dele. Minhas avós quando eu nasci já haviam falecido, mas com certeza o tratamento era semelhante. Depois de viúvos, os meus avós passaram a morar a maior parte do tempo conosco. Isso foi até a partida de cada um deles.

Os anos se passaram, e a idade de meus pais e sogros foram avançando, e junto com a velhice surgem problemas de saúde, alguns naturais, outros nem tanto.

Houve um tempo em que conversei com meu esposo sobre o cuidado de nossos pais, pois, além de trabalhar e estudar, estávamos envolvidos com uma missão de nossa igreja, que a cada dia requeria mais tempo e recursos de nós. A saúde de meu pai estava ficando muito debilitada, e duas irmãs minhas é que lhe davam mais atenção.

Foi onde meditamos não só no versículo sobre honrar aos pais, mas também no que Timóteo nos adverte: "Mas, se alguém não tem cuidado dos seus, e principalmente dos da sua família, negou a fé, e é pior do que o infiel" (I Timóteo 5:8). Ficou claro para nós que, atrelado à honra, que é respeito, reverência, prioridade, está o cuidado. E cuidado refere-se à presença, afeto, atenção, alimentação, vestimenta, cuidados médicos, remédios etc.

E assim decidimos que abriríamos mão da missão a qual éramos responsáveis e ajudaríamos a cuidar de nossos pais pelo tempo que fosse necessário. Consideramos isso também como um ministério, tanto que um dia, ao encontrar uma pastora amiga desde a infância, ela perguntou-me em que ministério estávamos atuando. Eu lhe respondi que estávamos nos dedicando aos nossos pais. Em seguida, ele me disse: "Perfeito, esse é o ministério dos esquecidos, o qual ninguém deseja exercer".

Essa é uma realidade em nossa sociedade, e na maioria de nossas igrejas evangélicas, pois na velhice muitos irmãos queridos que tanto dedicaram suas vidas a Cristo e à igreja são esquecidos por ela. Com certeza, porque eles não têm mais a força de antes para produzir e investir, sendo assim colocados à parte.

Assim, por anos ajudamos de forma bem presente nossos irmãos a atenderem nossos pais e um irmão mais velho de meu pai, cujos filhos se negaram a cuidar dele. Hoje, em nossa casa, ainda temos o meu sogro, que dia 15 de setembro de 2024 completará 88 anos.

Se você me perguntar: Miriam, foi fácil essa decisão e esse investimento de tempo da vida de vocês? Eu lhe diria, com toda a certeza, de que não foi nada fácil. Foram investimentos de tempo, financeiros, espirituais e emocionais. Abrimos mão, em muitos momentos, de frequência à igreja, de passeios e festas, mas jamais nos arrependeremos. Foram tempos trabalhosos e muitas vezes angustiantes devido a complicações de saúde, mas foi também de muita aprendizagem com eles, de afeto, de alegrias. Eles se tornam muito vulneráveis, dependentes. Hoje, colocamos nossa cabeça no travesseiro e dormimos sem nenhum sentimento de culpa, pois tudo que estava às nossas mãos para fazer por eles nós fizemos.

Se você compartilhar essa nossa experiência com algumas pessoas, elas poderão achar um absurdo. Por quê? Porque vivemos numa sociedade que não valoriza a experiência nem o conhecimento dos mais velhos. E mais: o discurso que prevalece hoje é que os pais não podem colocar esse peso do cuidado sobre os ombros dos filhos, ou seja, os pais devem se precaver para que na velhice tenham como se cuidarem e se manterem.

Posso até concordar, em parte, com esse discurso, tendo em vista a cultura vigente em nossa sociedade quanto ao descuidado e desvalorização dos idosos. Mas jamais aplicaria à minha casa, à minha família, por conhecer a Palavra de Deus. E mais: o Senhor, em relação a esse mandamento, foi imperativo, ou seja, ele deu uma ordem: honra. Ele não disse para fazermos isso se nossos pais fossem os melhores pais do mundo; não deixou como uma opção. Você já ouviu aquele adágio: "Quem pode manda; quem tem juízo, obedece"? É bem assim. Se desejamos ter uma vida de conexão, de obediência ao Senhor precisaremos, sempre, fazer uma revisão em nossas vidas e reconfigurarmos as nossas práticas. Nenhum recurso financeiro substituirá o seu afeto, a sua presença, o seu abraço na vida de seus pais. Um "obrigado(a) por tudo", um "eu te amo" também produzem cura. Você alguma vez ousou dizer ou fazer isso com seus pais e sogros?

Outro aspecto muito importante a ser analisado em nossas famílias: os nossos pais jamais devem ser as babás de nossos filhos e netos. Simplesmente devem ser os avós e bisavós deles. Infelizmente, muitos filhos e netos têm feito dos avós babás de seus filhos, e quando estes chegam à adolescência e juventude desaparecem da vida e da casa deles deixando um vácuo e um sentimento de abandono. E sempre a desculpa é: "não tenho tempo, vó/vô".

Finalizo aqui deixando um questionamento para reflexão: como está a questão da honra e cuidado em sua família no que se refere aos seus pais, sogros e avós? Que o Senhor tenha misericórdia de nós e das nossas famílias. Que o Senhor o(a) abençoe!

ORAÇÃO DO DIA:

Que o Senhor nos capacite a ter ousadia para reconfigurarmos as nossas práticas familiares;

Que o Senhor nos revista de todas as condições necessárias para que a prática da honra e do cuidado seja uma realidade em nossas famílias. Amém

O QUE ESSA VIVÊNCIA ME ENSINA?

VIVÊNCIA 69

MEMÓRIAS AFETIVAS

Texto Bíblico-Base: Filipenses 4
"Quanto ao mais, irmãos, tudo o que é verdadeiro, tudo o que é honesto, tudo o que é justo, tudo o que é puro, tudo o que é amável, tudo o que é de boa fama, se há alguma virtude, e se há algum louvor, nisso o pensai" (Filipenses 4:8).

Uma das coisas mais incríveis é a forma, o como Deus criou o ser humano. Ele pensou em cada detalhe, em cada órgão e quais as conexões necessárias para o seu perfeito funcionamento. Quanta sabedoria! Que engenhosidade! O que dizer do cérebro humano? Você alguma vez parou para refletir sobre como funciona o seu cérebro, como suas emoções são produzidas e suas memórias são armazenadas?

O local de armazenamento de nossas memórias é o nosso cérebro, e a cada nova experiência vivida, essa memória pode ganhar um espaço, ficando todas elas armazenadas em diferentes partes.

Quando pensamos em nossa memória, podemos afirmar que é a volta a um passado cheio de símbolos, sentidos e significados. Souza afirma que "[...] o tempo é memória, o tempo instala-se nas vivências circunscritas em momentos; o tempo é o situar-se no passado e no presente"[19].

É por essa razão que, quando evocamos a nossa memória, surgem imagens, fatos, lugares, acontecimentos vivenciados por nós, nossas famílias e amigos. Claro que nem todas as nossas memórias serão compostas de vivências positivas, afinal a nossa trajetória não é linear, é cheia de percalços, e muitos deles são frutos de nossas más escolhas.

---
[19] SOUZA, E. C.; MIGNOT, A. C. V. (org.). **O conhecimento de si: narrativas do itinerário escolar e formação de professores**. 2004. 442 f. Tese (Doutorado em Educação) – Faculdade de Educação, Universidade Federal da Bahia, Terra, 2004, p. 173.

Precisamos ter a clareza de que vivemos em constante construção e desconstrução de nós mesmos, de nossa forma de pensar, agir e sentir. A beleza em tudo isso é que somos livres para fazermos as nossas escolhas, quais as melhores configurações que desejamos deixar de nós mesmos.

No que diz respeito às nossas memórias negativas do passado, gostaria de apontar o que o profeta Isaías 43:18 nos aconselha: "Não vos lembreis das coisas passadas, nem considereis as antigas". Não devemos nos permitir viver aprisionados a um passado sombrio. E ele não para por aí; aponta-nos para uma promessa restauradora logo à frente: "Eis que faço uma coisa nova, agora sairá à luz; porventura não a percebeis? Eis que porei um caminho no deserto e rios no ermo" (Isaías 43:18-19). Compreendo "caminho" como destino, um novo destino; e "rios" como vida, como provisão, afinal nos rios encontramos águas e cardumes de peixes. Tanto um quanto o outro servem para o nosso sustento, permitindo-nos viver. E, em sentido espiritual, Jesus afirmou: "Mas aquele que beber da água que eu lhe der nunca terá sede, porque a água que eu lhe der se fará nele uma fonte que salte para a vida eterna" (João 4:14).

Portanto, torna-se necessário, de tempos em tempos, revisitarmos as nossas memórias e, por meio do processo mental do pensamento, buscarmos, com clareza, a realidade na qual estamos inseridos, avaliando assim cada circunstância e o peso de cada uma delas em nossa jornada. Se for necessário reconsiderar atitudes, reconsidere; se for preciso fazer uma conversão (mudança de rota), faça. Escolha a melhor parte, como fez Maria, irmã de Lázaro, amigo de Jesus. Daí a importância do versículo inicial desta vivência: "[...] tudo o que é verdadeiro, tudo o que é honesto, tudo o que é justo, tudo o que é puro, tudo o que é amável, tudo o que é de boa fama, se há alguma virtude, e se há algum louvor, nisso o pensai" (Filipenses 4:8). Os bons pensamentos e as boas lembranças são a base para construirmos uma vida emocional, física e espiritual saudável.

Precisamos aprender a cultivar as nossas memórias afetivas. Há alguns dias, nós nos reunimos num aniversário de uma irmã, e uma prima, que fez parte de nossa infância, começou a relembrar os bons momentos vividos na fazenda de meus pais, na escola rural, nas atividades de Escolas Bíblicas de Férias (EBFs), nas conferências e programas de natal em épocas de férias escolares na igreja batista que havia naquela região. Nossas artes, brincadeiras, banhos nos rios e cachoeiras etc. foram lembranças que reafirmaram a nossa identidade como filhos e filhas amadas de um Deus maravilhoso, que cuidou, guiou e deu sabedoria a cada um de nossos pais para nos educar de forma completa: moral, física, emocional e espiritual. Hoje, tanto os meus pais quanto os de minha prima não estão mais conosco, pois o Senhor já os convocou à sua presença, mas deixaram um legado a cada um de nós que nada, nem ninguém, poderá nos roubar. Ensinaram-nos, na prática, o que é amar a Deus, a família e ao próximo. E mais: que o trabalho e a disciplina dignificam o ser humano.

Jó teve um amigo chamado Zofar, que, diante daquele estado em que ele se encontrava após perder todos os seus filhos, bens, saúde etc., lhe disse uma grande verdade em um tom de repreensão: "Porque te esquecerás do cansaço, e lembrar-te-ás dele como das águas que já passaram. E a tua vida mais clara se levantará do que o meio-dia; ainda que haja trevas, será como a manhã. E terás confiança, porque haverá esperança...[...]" (Jó 11:16-18).

O meu desejo é que você, ao finalizar esta leitura, revisite suas memórias afetivas e valide mais uma vez a importância, o valor de cada uma delas em sua trajetória pessoal, familiar e profissional, na certeza de que você é um filho amado, uma filha amada do Senhor escolhido(a) para viver o melhor desta terra porque sempre há esperança quando lançamo-nos aos pés do nosso amado mestre, Jesus. Que o Senhor o(a) abençoe!

ORAÇÃO DO DIA:

Que o Senhor nos ajude a vencer a nós mesmos a cada dia certos de que sempre haverá esperança em sua presença;

Que o Senhor nos capacite a sempre revisitar as nossas memórias afetivas buscando nos desvencilhar de todas as amarras que muitas vezes ainda insistem em permanecer nos aprisionando em circunstâncias e lugares dos quais o Senhor já nos retirou;

Que a cada dia o Senhor imprima em nossas mentes e corações a convicção de quem nós somos em Cristo e qual o nosso propósito nesta terra. Amém.

O QUE ESSA VIVÊNCIA ME ENSINA?

VIVÊNCIA 70

O QUE APRENDI ATÉ AQUI COM TODAS ESSAS VIVÊNCIAS

Texto Bíblico-Base: Salmo 124
"Se não fora o Senhor que esteve ao nosso lado, ora diga Israel; Se não fora o Senhor, que esteve ao nosso lado, quando os homens se levantaram contra nós, eles então nos teriam engolido vivos, quando a sua ira se acendeu contra nós" (Salmo 124:1-3).

Sendo esta a última vivência proposta até aqui, desejo elencar algumas lições aprendidas durante esse tempo de caminhada. De forma alguma, durante minha trajetória, eu me considerei ou me considero vítima de alguém ou de alguma dessas circunstâncias. Mas sim filha amada de um "Deus Pai" que durante todo esse processo foi se revelando a mim, conduzindo-me em triunfo a cada nova jornada empreendida. O Senhor foi, é e continuará sendo minha bússola, meu fiel escudeiro e amigo.

Eu escolhi esse salmo do rei Davi por identificar-me muito com a sua pessoa, principalmente nos tempos mais difíceis por mim enfrentados, quando do fracasso profissional naquela escola citada na vivência 2. Eu enfrentei, literalmente, angústias de morte, mas "Bendito seja o Senhor que não nos deu [**não me deu**] por presa aos seus dentes" (Salmo 124: 6, grifo nosso).

A minha trajetória pessoal, familiar, espiritual e profissional tem me ensinado que:

1. A educação familiar é a base de tudo em nossas vidas, principalmente quando é pautada nos princípios e valores cristãos, na Palavra de Deus;

2. Nenhum plano e nenhum projeto terão um bom futuro se não forem gerados em oração, em jejum, na meditação da Palavra de Deus e nos sábios conselhos;

3. Os aparentes fracassos nos posicionam num lugar chamado "deserto", ainda que invisível a olho nu. Estar nesse lugar é, literalmente, estar exposto às mais profundas experiências com Deus. É onde nosso caráter, nossa confiança e nossa esperança são testados todos os dias. É o confronto entre o humano e o divino. É o lugar da decisão: ou nos levantamos e continuamos a jornada rumo ao propósito que Deus tem para as nossas vidas, ou nos sucumbimos apiedando-nos de nós mesmos, tornando-nos assim vítimas ou vencedores em Cristo Jesus;

4. "As misericórdias do Senhor [...] não têm fim; [...] Novas são cada manhã; grande é a tua fidelidade. [...] Bom é o Senhor para os que esperam por ele, para a alma que o busca" (Lamentações 3:22-23;25). Não consigo expressar em palavras o quanto o Senhor foi e tem sido bom para comigo e minha família! Livrou-me de muitos laços, esteve comigo diante de muitas afrontas e vergonha; livrou-me do homem mau, do perseguidor e do sanguinário, livrou-me da morte... Ahhh, "se não fora o Senhor", meu amado mestre e meu amigo consolador, o Espírito Santo, eu teria sucumbido;

5. Os verdadeiros amigos e irmãos em Cristo se revelam nos tempos de angústia. Cresci ouvindo este adágio: "O verdadeiro amigo conhecemos após comer junto um saco de sal". Comer "um saco de sal" leva tempo e não é fácil e, por esta razão, poucos permanecem no tempo das dificuldades. Como são verdadeiras essas palavras, pois construir uma amizade sincera, "sem cera", é necessário passar pelo teste do tempo e das adversidades. A Bíblia nos diz: "Em todo o tempo ama o amigo e para o tempo da angústia nasce o irmão" (Provérbios 17:17);

6. A escrita de nossas folhas em branco cabe a nós decidirmos <u>como</u> vamos fazer, pois o "até quando" não nos pertence. Não poucas vezes, será necessário lutarmos para sair do lugar do

"vitimismo" e da terceirização da culpa para acessarmos o nosso real lugar em Cristo Jesus, como filhos e filhas amados do Senhor. Não podemos permitir e aceitar que as ações de nossos inimigos espirituais e carnais ofusquem a nossa visão quanto ao propósito do porquê estamos aqui e nos paralisem.

Claro que você poderá ter encontrado várias outras lições durante o seu processo de leitura, mas, numa visão geral, escolhi esses seis pontos para compartilhar com você.

Finalizando, desejo deixar uma questão para sua reflexão: que legado você deseja deixar para a nossa sociedade, amigos e sua família? Aqui não me refiro a valores materiais como casas, carros, terrenos, dinheiro, joias e aplicações financeiras. Isso a traça corrói e os ladrões roubam. Isso é herança. Estou me referindo a princípios, valores e realizações, pois legado é o que está dentro e ninguém pode nos subtrair, nos roubar. Que o Senhor o(a) abençoe!

ORAÇÃO DO DIA:

Que o Senhor nos ajude a discernir os tempos e as estações em nossas vidas de forma que não nos tornemos infrutíferos;

Que o Senhor nos dê sabedoria e humildade para submetermos a Ele todos os nossos planos e desejos, para que não tomemos atalhos em nossas vidas pessoais, familiares e profissionais;

Que o Senhor nos ensine a caminhar não só pelo nosso coração, mas também pela nossa razão. para que não sejamos presa fácil de nossos inimigos. Amém.

O QUE ESSA VIVÊNCIA ME ENSINA?

ALGUMAS CONSIDERAÇÕES

Que bom que você chegou até aqui!!!

Ao longo das páginas anteriores, você caminhou comigo por diversas situações que, com certeza, fizeram-no(na) refletir sobre o amor e o cuidado de Deus para com a minha e a sua vida também.

Ao finalizar este livro, gostaria ainda de sugerir a você uma leitura sobre a vida de José do Egito, que se encontra no livro de Gênesis, capítulos 37 a 50. Por que assim o faço?

Porque em José do Egito podemos extrair muitas lições práticas para as nossas vidas, dentre elas o seu profundo temor a Deus adquirido na casa de seu pai, Jacó, onde ele experimentou a provisão de Deus em todas as áreas na vida de sua família.

Foi onde também experimentou o lado "amargo" de sua família, por parte de seus irmãos, por lhe privarem do convívio familiar ao vendê-lo como escravo aos midianitas que o levaram para o Egito, servindo assim como escravo na casa de Potifar.

No auge de seus 17 anos, ele experimentou do veneno da inveja, a qual a Bíblia nos diz que é a "[...] podridão para os ossos" (Provérbios 13:30). Ou seja, é morte. Enquanto que o mesmo versículo, no seu início, nos afirma que "O sentimento sadio é vida para o corpo [...]" (Provérbios 13:30).

Assim como eu e você, José, a cada estação de sua vida, passou a colecionar cicatrizes, muitas das quais impossíveis de se superar aos nossos olhos humanos, mas possíveis a um Deus de propósitos.

Em José do Egito, aprendemos ainda que o "vitimismo" e o "lamber feridas" não devem fazer parte do *script* de nossa jornada, pois nossa vida é composta de estações, e em cada uma delas existe um *modus operandi*, um processo, um modo de agir. E, por essa razão, precisamos buscar em Deus o discernimento sobre como nos movermos em cada período do processo. Conhecer e colocar as melhores estratégias em prática, regadas a oração, meditação da Palavra de Deus e temor ao Senhor é o que nos conduzirá ao triunfo. Como numa guerra, precisamos estar atentos e compreender que há momentos de avançar e momentos de recuar.

A linda túnica de José, presente de seu pai e um dos motivos de inveja de seus irmãos, pois a destruíram, não o impediu de cumprir os propósitos que Deus tinha para sua vida. Os irmãos dele desconheciam o fato de que "a unção" de José não estava em sua bela túnica colorida, mas sim em sua vida, em seu coração temente a Deus. Não importa o que podem retirar de nós externamente, o que mais importa é o que carregamos em nós. Isso fará toda a diferença. Que as amarguras, abusos, complexos e rejeições não sejam nossos parceiros de jornada, mas sim a esperança e a alegria do Senhor, que é e sempre será a nossa força, como nos afirma Neemias 8:10: "[...] porque a alegria do Senhor é a nossa força". Que possamos a cada dia nos abrir para o destravar de tudo aquilo que até aqui possa ter nos aprisionado.

Assim como José, não nos permitamos permanecer nas cisternas escuras ou nas prisões úmidas da vida nas quais pessoas ou circunstâncias tentaram ou tentam nos colocar e nos manter, mas sim prossigamos, com coragem e determinação, em direção ao Palácio Real, ao encontro do nosso grande Rei, o Senhor Jesus. Que sejamos frutíferos!

Desejo que as minhas vivências tenham o(a) inspirado e que de alguma forma tenha contribuído para fortalecer a sua fé, temor e amor a Jesus Cristo, nosso Senhor, Salvador e Mestre, por excelência.

Que você possa lançar luz sobre as suas mais profundas cicatrizes, revelando, por meio delas, o quão profundo é o amor de Jesus pelo ser humano. Ele é perito em nos levantar das cinzas.

Um forte abraço e até um próximo encontro.

POSFÁCIO

"Todavia, lembro-me, também, do que pode dar-me esperança: Graças ao grande amor do Senhor é que não somos consumidos, pois as suas misericórdias são inesgotáveis. Renovam-se cada manhã; grande é a tua fidelidade! Digo a mim mesmo: A minha porção é o Senhor; portanto, nele porei a minha esperança. O Senhor é bom para com aqueles cuja esperança está nele, para com aqueles que o buscam;" (Lamentações 3:21-25).

No texto bíblico, o autor, o profeta Jeremias, traz um desejo intrínseco de expor e expressar que a esperança dele estava no Senhor, cuja misericórdia está sobre aqueles que confiam nele.

O livro *Vivências que inspiram* nos traz uma prazerosa experiência de quem viveu e aprendeu muito em meio a uma vida bem vivida, tendo uma família como base de desenvolvimento e proteção.

A cada vivência, podemos nos projetar nos campos da fazenda em Rio Negro/MS, imaginar o gosto dos queijos e requeijões, a imagem de uma pequena menina vendendo essas delícias e voltando para casa feliz por ter cumprido a missão de vender os melhores queijos desta vida.

Os ensinamentos de pais que deram o melhor de si, nutrindo e projetando filhos para um futuro em uma cidade distante, Campo Grande/MS. Desafios que começavam a mostrar os desertos que a vida ainda mostraria e trariam um grande impulso na formação de um todo.

Fazem-nos ver que em todo tempo precisamos sonhar, precisamos vislumbrar um futuro de esperança, mas também de muita garra e fé.

Podemos nos imaginar abrindo um negócio dos sonhos, sentir todo entusiasmo e alegrias pelo desafio, mas também conseguimos sentir a frustração e decepções; ver que nem "todas as amizades, são para todas as horas", mas que muitas nos acompanham por conveniência ou conivência. Mas o aprendizado que fica é que, em primeiro lugar, o Senhor Jesus precisa ser o primeiro a ser consultado, e Ele, sim, nos dá a aprovação e a direção do que precisamos fazer.

Em cada relato, percebemos que, dos desertos que a vida proporcionou e que foram necessários, houve uma contrapartida, de alguém que não se deu por vencida, mas que lutou, se ressignificou, chorou, se humilhou, mas não parou. Que alegria é essa de não ter parado, não ter se rendido às traições e dores da vida!

Pode se perceber que o dono desta história nunca perdeu o controle da vida da autora, imaginamos a alegria da vaga no Colégio Militar; após isso, a alegria de uma vaga no concurso público, a restituição de tantas vergonhas e humilhações pelas quais passou.

Aquela moça, Miriam, que entregou aquele carro, que voltou para casa tão sem rumo, sem consolo, é avisada que um grande corredor de uma nova porta aberta está à sua frente, ainda que uma civil, conviveria, aprenderia e seria honrada em um ambiente militar.

Os caminhos e rumos da vida quem pode defini-los? "Ao homem pertencem os planos do coração, mas do Senhor vem a resposta da língua" (Provérbios 16:1).

Os relatos de uma mulher de coragem, força e fé são a inspiração deste texto tão rico em transparência e intensidade.

Aqui você entrará nas histórias de uma vida que foi regada a muita fé, ousadia e orações.

Um livro que impulsionará você a contar as suas próprias histórias.

Pra. Susana Pereira Ramos Barbosa
Teóloga e Administradora
Coordenação Estadual do Desperta Débora - MS

REFERÊNCIAS

ABBAGNANO, Nicolas. **Dicionário de Filosofia**. 5. ed. Tradução da 1ª edição brasileira coordenada e revista por Alfredo Bossi; revisão da tradução e tradução os novos textos: Ivone Castilho Benedetti. São Paulo: Martins Fontes, 2007.

ALMEIDA, João Ferreira de. **A Bíblia Sagrada**. São Paulo: Sociedade Trinitariana do Brasil, 2011.

BOURDIEU, P. **Razões práticas**: sobre a teoria da ação. 9. ed. Trad. Mariza Corrêa. Campinas: Papirus, 2008.

BOURDIEU, P.; PASSERON, J. C. **Escritos de educação**. Petrópolis: Vozes, 1998.

BRASIL. **Constituição da República Federativa do Brasil**. Brasília, DF: Senado Federal/Centro Gráfico, 1988.

BRASIL. Lei n.º 8069, de 13 de julho de 1990. Estabelece o Estatuto da Criança e do Adolescente (ECA). **Diário Oficial da União**, Brasília, DF, 1996.

BRAZELTON, K. **Caminhada com propósitos para mulheres**. São Paulo: Editora Vida, 2006.

CANTOR Cristão com música. 5. ed. Rio de Janeiro: JUERP, 1986.

DURKHEIM, E. La famille conjugale. *In*: DURKHEIM, E. **Textes III**. Paris: Minuit, 1975. p. 35-49.

ENCISO, O. **Pensai na educação, brasileiros!** Sociedade Miguel Couto dos amigos do estudante: 50 anos de luta pela educação e assistência a menores. [S.l.: s.n], [1989]. 212 p.

HOUAISS, A. **Grande dicionário Houaiss da língua portuguesa**. São Paulo: Editora Moderna, 2015.

SARAMAGO, J. **As pequenas memórias**. São Paulo: Cia das Letras, 2006.

SILVA, M. F. A. **Colégio Militar de Campo Grande-MS**: tecendo os fios do *habitus* professoral. 2011. 170 f. Dissertação (Mestrado em Educação) – Centro de Ciências Humanas e Sociais, Universidade Federal de Mato Grosso do Sul, Campo Grande/MS, 2011.

SILVA, M. F. A da. **Famílias e escolas militares**. Curitiba: Appris, 2020.

SOUZA, E. C.; MIGNOT, A. C. V. (org.). **O conhecimento de si**: narrativas do itinerário escolar e formação de professores. 2004. 442 f. Tese (Doutorado em Educação) – Faculdade de Educação, Universidade Federal da Bahia, Terra, 2004.

Site consultados:

AMIZADE. *In*: DICIONÁRIO etimológico, [s.l.], [2024]. Disponível em: https://www.dicionarioetimologico.com.br/amizade/. Acesso em: 25 nov. 2023.

AOS 96 anos de idade, falece a acadêmica Oliva Enciso. **Academia Sul-Mato-Grossense de Letras**, [s.l.], 2015. Disponível em: https://acletrasms.org.br/aos-96-anos-de-idade-falece-a-academica-oliva-enciso/. Acesso em: 20 set. 2024.

BERGMANN, J. Opinião: não deixemos que nada nos roube a confiança. Ucpel, [s.l.], 2020. Disponível em: https://ucpel.edu.br/noticias/opiniao-nao-deixemos-que-nada-nos-roube-a-confianca/. Acesso em: 12 set. 2024.

CALCÁRIO agrícola – saiba tudo sobre essa técnica. **Yara Brasil**, [s.l.], 2022. Disponível em: https://www.yarabrasil.com.br/conteudo-agronomico/blog/calcario-agricola/. Acesso em: 6 set. 2024.

AGU é contra equiparar salário de juiz classista ao de juiz aprovado em concurso. **Advocacia-Geral da União**, Governo Federal, Brasília, DF, 4 set. 2019. Disponível em: https://www.gov.br/agu/pt-br/comunicacao/noticias/agu-e-contra-equiparar-salario-de-juiz-classista-ao-de-juiz-aprovado-em-concurso--799219/. Acesso em: 9 set. 2024.

CAMPOS, M. Pandemia de Covid-19. **Mundo Educação**, [s.l.], [2024?]. Disponível em: https://mundoeducacao.uol.com.br/geografia/pandemia-de-covid-19.htm. Acesso em: 19 nov. 2023.

MIRIAM. *In*: DICIONÁRIO de nomes próprios, [s.l.], 2024. Disponível em: https://www.dicionariodenomesproprios.com.br/miriam/. Acesso em: 29 nov. 2022.

TIRIRICA. **Agrolink**, [s.l.], [20--]. Disponível em: https://www.agrolink.com.br/problemas/tiririca_110.html. Acesso em: 5 set. 2024.

O CORAÇÃO da Bíblia: retorne aos fundamentos hebraicos das Escrituras. Disponível em: https://lp.israelbiblicalstudies.com/lp_iibs_biblical_hebrew_heart_expressions_2019_v2-pt.html?cid=67182&adgroupid=-1. **Instituto Israelense de Estudos Bíblicos**, [s.l.], c2024. Acesso em: 28 nov. 2021.

Disponível em: https://saojuliao.org.br/institucional/ Acesso em: 9 jan. 2024.

Redes Sociais
miriamabreuoficial.com
instagram.com/miriam_abreu65
youtube.com/@canaldaprofadramiriamabreu

Email
contato@miriamabreuoficial.com
Telefone Comercial
(67) 99224-5200 (Whatsapp Disponível)